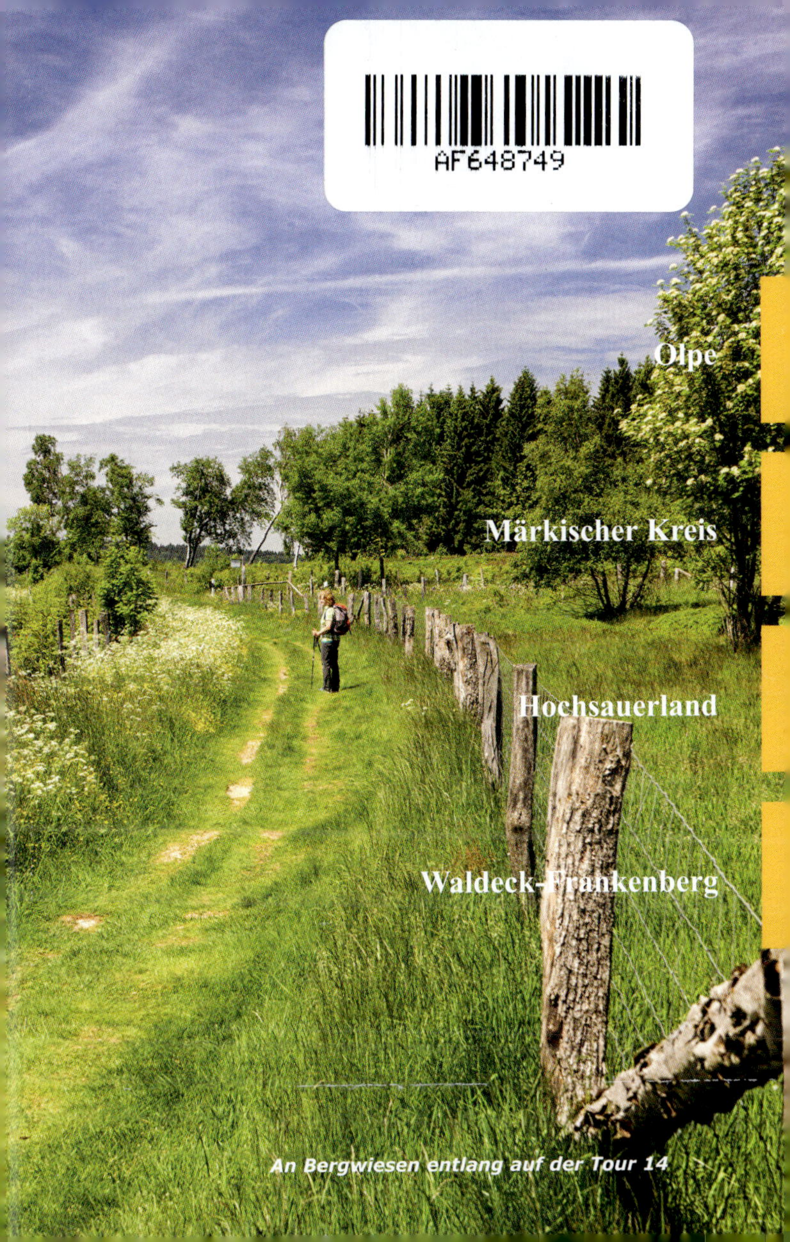

An Bergwiesen entlang auf der Tour 14

Sauerland

Alle Informationen, schriftlich und zeichnerisch, wurden nach bestem Wissen zusammengestellt und überprüft. Sie waren korrekt zum Zeitpunkt der Recherche. Eine Garantie für den Inhalt, z. B. die immerwährende Richtigkeit von Preisen, Adressen, Telefon- und Faxnummern sowie Internetadressen, Zeit- und sonstigen Angaben, kann naturgemäß von Verlag und Autor – auch im Sinne der Produkthaftung – nicht übernommen werden.

Der Autor und der Verlag sind für Lesertipps und Verbesserungen (besonders per E-Mail) unter Angabe der Auflagen- und Seitennummer dankbar.

Dieses OutdoorHandbuch hat 160 Seiten mit 80 farbigen Abbildungen, 24 farbigen Kartenskizzen im Maßstab 1:25.000/1:50.000 sowie 24 farbigen Höhenprofilen und einer farbigen, ausklappbaren Übersichtskarte. Es wurde auf chlorfrei gebleichtem Papier gedruckt, in Deutschland klimaneutral hergestellt und transportiert und wegen der größeren Strapazierfähigkeit mit PUR-Kleber gebunden.

Klimaneutral
Druckprodukt
ClimatePartner.com/53106-2205-1001

Dieses Buch ist im Buchhandel und in Outdoor-Läden erhältlich und kann im Internet oder direkt beim Verlag bestellt werden.

OutdoorHandbuch Band 393

ISBN 978-3-86686-767-3 2., überarbeitete Auflage 2022

Text und Fotos: Karl-Georg Müller
Lektorat: Amrei Risse
Karten: Manuela Dastig
Layout: Manuela Dastig und Ricarda Kuschma

Gesamtherstellung: AZ Druck und Datentechnik GmbH, Kempten

Dieses OutdoorHandbuch wurde konzipiert und redaktionell erstellt vom:

Conrad Stein Verlag GmbH, Kiefernstr. 6, 59514 Welver,
☏ 023 84/96 39 12,
info@conrad-stein-verlag.de,
www.conrad-stein-verlag.de

Besuchen Sie uns bei Facebook & Instagram:

www.facebook.com/outdoorverlag

www.instagram.com/outdoorverlag

Titelfoto: Panoramablicke über die Listertalsperre (Tour 2)

Inhalt

Vorwort

Wer die Eifel, den Westerwald und den Hunsrück, Rhein und Mosel in kurzer Zeit erreichen und dort mit den Wanderschuhen wunderbare Wege erwandern kann, braucht doch nicht ins Sauerland.

Oder doch? Vor drei Jahren wanderte ich auf dem Rothaarsteig. Meist im Regen, selten mit Sonne. Und trotzdem hatte mich das Sauerland am Wickel. Die Region übt besondere Reize aus, die sie so anders macht, so eigen. Vielleicht sind es die wirklich weiten Fernsichten, womöglich die sanften Berghänge und die kleinen und großen Bäche und Flüsse, die sich in die Täler schmiegen. Oder die vielen Seen, mal lebhaft besucht von Wasserfreunden, dann wieder mit stillen und einsamen Winkeln.

Vermutlich beglücken mich auch die Sommer, die nicht so heiß sind wie andernorts. Stattdessen sind die Winter noch richtig knackig kalt und schneereich und wie geschaffen für eine kurze oder längere Schneewanderung.

Offenbar ist es all das und noch viel mehr, was mich fürs Sauerland eingenommen hat. 24 Wandertouren warten nun auch auf Sie.

Alle Tourenbeschreibungen wurden um Hinweise ergänzt, inwiefern die Wanderwege auch für Hunde, Kinder und für Buggys geeignet sind. Einkehrmöglichkeiten am Weg runden die Tipps ab.

Die Wanderungen sind eine bunte, aber natürlich nur kleine Auswahl aus der riesengroßen Zahl an Wanderwegen, die im Sauerland warten. Jede einzelne der Wanderungen hat nicht nur mich begeistert, sondern auch meine Mitwanderer. Und ich bin mir sicher: Ich habe noch nicht einmal einen kleinen Teil des Sauerlands für mich entdeckt. Was nichts anderes bedeutet als: Ich werde dorthin zurückkehren. Und vielleicht sehen wir uns dann, wenn auch Sie sich vom Sauerland faszinieren lassen wie ich.

In diesem Sinne wünsche ich Ihnen viel Wanderfreude im Sauerland.

Karl-Georg Müller

Danksagungen

Alleine wandern ist schön, gemeinsam wandern ist schöner. Deshalb bedanke ich mich bei meinen Mitwanderern: Sigrid, Ralf und Ömmel Müller (auch für die vielen Tipps zu Wanderwegen im Sauerland!), Tilo „da geht noch was“ Stein. Ralf

„würfeln wir, wo's langgeht" Schemmann. Meinem Wanderfreund KD (auf uns warten noch Klettersteige!). Ohne meine Mitwanderer wäre das Schlendern nur halb so schön gewesen. Und natürlich danke ich von Herzen Petra, denn ohne sie gäbe es das Wanderbuch gar nicht.

Das Sauerland

Das Sauerland lässt sich natur- und kulturräumlich nicht einheitlich beschreiben. Das geografisch als nordöstlicher Teil des Rheinischen Schiefergebirges geltende Gebiet ist ein Teil des Süderberglands und erstreckt sich über weite Teile des Einzugsgebiets der Ruhr. Im Osten zählen die Weserzuflüsse wie Eder oder Diemel dazu. In Nord-Süd-Richtung erstreckt sich auch die Rhein-Weser-Wasserscheide, die in weiten Bereichen über das Rothaargebirge zieht. Dieses stellt mit dem Langenberg, dem Hegekopf und dem Kahlen Asten die höchsten Berge im Sauerland. Weitere Gebirgszüge sind das Nordsauerland, das Lennegebirge, das Ebbegebirge und die Saalhauser Berge.

Der Landschaftsname Sauerland führt bis ins 13. Jh. zurück, wandelte sich dann in Suderland und später in Suerland, bis sich im 16. Jh. der Begriff Sauerland wieder durchsetzte. Und trotzdem etablierte sich die Bezeichnung Sauerland erst nach einer weiteren Zeitphase, in der mit dem Sauerland Armut und Rückständigkeit verbunden wurden. Mit der touristischen Erschließung der Region, für die maßgeblich der Sauerländische Gebirgsverein verantwortlich war, setzte sich die Gebietsbezeichnung Sauerland dann auch über die märkische Region hinaus allgemein durch. Auf die Frage, woher der Name kommt, gibt es verschiedene Antworten. Weitverbreitet ist die Deutung, dass „Sauerland" ursprünglich „südliches Land" bedeutete, bezogen auf Städte wie Soest oder Dortmund, die weiter im Norden liegen.

Die vielen Quellen, Bäche und Flüsse brachten dem Sauerland auch den Namen „Quellenland" ein. Der große Trink- und Nutzwasserverbrauch des Ruhrgebiets führte in der Vergangenheit zum Bau zahlreicher Talsperren.

Die fünf Naturparks Diemelsee, Ebbegebirge, Arnsberger Wald, Homert und Sauerland-Rothaargebirge (der mit 3.826 km² Fläche zweitgröße deutsche Naturpark) erstrecken sich über große Teile des Sauerlands und sind geprägt durch Buchen- und Fichtenwälder.

2007 richtete der Orkan Kyrill in den Wäldern in Wittgenstein, im Sieger- und im Sauerland die deutschlandweit größten Schäden an, hier trat die Hälfte der Schäden im Land auf. Noch heute sind die Folgen durch große Windwurfflächen sichtbar.

Reise-Infos

Anreise

mit dem Auto

Aus westlicher Richtung gelangen Sie über die A4 von Köln nach Olpe. Im Westen des Sauerlands führt die A45 als „Sauerlandlinie" von Siegen nach Dortmund. Über die Abfahrten beispielsweise bei Olpe und Lüdenscheid gelangen Sie weiter ins Sauerland. Die A44 führt von Dortmund ins Sauerland, weiter über die A445/A46 fahren Sie in Richtung Brilon. Von Osten kommen Sie ebenfalls über die A44 (Kassel – Dortmund) und von Süden über die schon genannte A45 von Frankfurt ins Sauerland. Aus dem Norden führen die Autobahnen A1/A45 aus Hamburg in Richtung Frankfurt. Über die A2 von Hannover erreichen Sie die nördlichen Regionen des Sauerlands.

mit der Bahn

Die Strecke Hagen–Altena–Werdohl–Finnentrop–Altenhundem–Siegen der Ruhr-Sieg-Bahn bringt Sie ins Sauerland. Mit dem Sauerland-Express (Strecke Hagen–Kassel) erreichen Sie die nördliche Region um Meschede, Arnsberg, Olsberg und Brilon. ICE- und IC-/EC-Fernverkehrsbahnhöfe sind Dortmund, Hagen, Frankfurt und Kassel-Wilhelmshöhe.

Auskünfte zu Bahnverbindungen erhalten Sie unter www.bahn.de.

Unterkünfte

Das Sauerland bietet eine große Zahl an unterschiedlichen Übernachtungsmöglichkeiten an. Von Ferienwohnungen über Hotels und Pensionen bis zu Campingplätzen und Wohnmobilstellplätzen findet sich für jeden Geschmack und jeden Geldbeutel die passende Unterkunft. Besonders vielfältig ist die Auswahl in den touristischen Hochburgen rund um Willingen oder Winterberg; dort ist auch eine frühzeitige Reservierung beispielsweise in den Ferientagen in der Wintersaison ratsam. Als Standorte für Ihren Wanderurlaub sind Attendorn, Balve und Plettenberg im Westen sowie Schmallenberg, Bad Fredeburg, Brilon, Olsberg, Willingen und Winterberg im Osten besonders zu empfehlen. Von diesen Orten sind alle Touren gut erreichbar.

Nützliche Hinweise zu Unterkünften und weitere Informationen rund um den Urlaub im Sauerland bietet:

- Sauerland-Tourismus e. V., Johannes-Hummel-Weg 1, 57392 Schmallenberg, ☏ 029 74/20 21 90, ✉ info@sauerland.com, 💻 www.sauerland.com, 🚪 tägl. 8:00-18:00

Eine Besonderheit stellen die Sauerländer Wandergasthöfe dar, die sich speziell auf Wanderer einstellen, bestimmte Qualitätskriterien erfüllen und beispielsweise Lunchpakete und „Wandern ohne Gepäck" anbieten (hierbei wird das Gepäck zur jeweils nächsten Unterkunft befördert):

- Sauerländer Wandergasthöfe e. V., Poststraße 7, 57392 Schmallenberg, ☏ 08 00/203 06 00 (kostenlose Hotline), ☏ 029 72/97 40 40, ✉ info@wandergasthoefe.de, 💻 www.wandergasthoefe.de

Eine preiswerte Alternative sind die Jugendherbergen. 1912 wurde in Altena die erste eröffnet, an weiteren touristischen Zentren wie dem Biggesee und dem Möhnesee, bei Winterberg und Willingen finden sich ebenfalls Jugendherbergen. Für die Übernachtung ist die Mitgliedschaft im Jugendherbergsverband Voraussetzung, die auch für Menschen über 27 Jahre möglich ist.

Verkehrsmittel

Mit der Kur- und Gästekarte – der sogenannten „Sauerland-Card" – erhalten Sie nicht nur Ermäßigungen auf viele Freizeiteinrichtungen, sondern können auch kostenlos mit Bussen und Bahnen im Hochsauerlandkreis, im Kreis Soest und in den Städten Bad Berleburg, Lennestadt und Finnentrop fahren. Der Wander- und Sightseeing-Bus bringt Sie im Schmallenberger Sauerland zu verschiedenen Wanderorten. Für Inhaber der „Sauerland-Card" ist das Mitfahren kostenlos.

- Kur- & Freizeit GmbH Schmallenberger Sauerland, Poststraße 7, 57392 Schmallenberg, ☏ 029 72/97 40-0, ✉ info@schmallenberger-sauerland.de, 💻 www.schmallenberger-sauerland.de/freizeit-region/service/kostenloses-busfahren

Mit dem Westfalentarif erreichen Sie fast alle Regionen des beschriebenen Wandergebiets.

- Westfalentarif, Service-Kontakt: ☏ 018 06/50 40 30, 💻 www.westfalentarif.de

Wanderinfrastruktur

Der Sauerländische Gebirgsverein e. V. wurde bereits im Jahr 1891 gegründet. Die 35.000 Mitglieder des drittgrößten deutschen Wandervereins pflegen und markieren heute ein Wegenetz von 43.000 km, wozu Qualitätswege, Hauptwanderwege und Ortsrundwege zählen. Auch Fernwanderwege ziehen sich durch das Sauerland: der 152 km lange Rothaarsteig von Brilon nach Dillenburg, der Sauerland-Höhenflug von Meinerzhagen (203 km) oder Altena (192 km) nach Korbach und die 243 km lange Sauerland-Waldroute von Iserlohn nach Marsberg.

Die Sauerländer Wanderdörfer mit mehr als 280 Ortsteilen und Dörfern wurden 2014 vom Deutschen Wanderverband als erste Qualitätsregion „Wanderbares Deutschland" zertifiziert und haben sich demzufolge ganz dem Wandern und den passenden Angeboten verschrieben.

Klima und Reisezeit

Das Sauerland ist eine typische Mittelgebirgsregion, deren Klima wesentlich vom Atlantischen Ozean geprägt wird. Da der Wind hier meist von West bis Südwest weht, liegt es auf der Hand, dass die Orte mit den meisten Niederschlägen am Rande des Rothaargebirges zu finden sind. Auf der Nordhelle beispielsweise fällt fast so viel Regen wie in den regenreichen Gebieten im Alpenvorland oder im Oberharz. Nicht viel weniger Regen sammelt sich auf dem Kahlen Asten an, während im „Regenschatten" in der Medebacher Bucht mit 800 mm Jahresniederschlag fast nur die Hälfte niedergeht. Die Sommer können kühl sein, natürlich besonders auf den Höhenlagen. Die Winter sind trotz des Klimawandels zeitweilig noch schneereich, wovon die Wintersportregionen um Winterberg oder Willingen eindrucksvoll Zeugnis ablegen.

Wandern mit Kindern

Für jüngere Kinder eignen sich natürlich die kürzesten Touren am besten, besonders aber die erlebnisreichen Wanderungen auf dem „Walderlebnispfad Bad Fredeburg" (Tour 13) und auf dem „Waldfeenpfad bei Brilon" (Tour 18). Viele andere Wanderungen führen entlang von kleinen oder größeren Bächen oder an Seen vorbei. Manche Wege bieten Ziegen, Schafe oder Hochlandrinder – keine Tiere zum Anfassen, aber zum Angucken und für Kinder sicher spannend.

Bei den langen Wandertouren muss natürlich ein besonderes Augenmerk auf die Kondition der Kinder gelegt werden. Bei einigen ist felsiges oder wurzeliges Gelände zu queren, was einerseits besondere Umsicht erfordert, andererseits ein kleines Stück Abenteuer bietet.

Wandern mit Buggys/Sportwagen

Der geländefähige „Sportwagen" sollte über drei Räder (mit einem großen Rad vorne) und über ein feststellbares Vorderrad verfügen, damit er im Gelände gut gesteuert werden kann. Eine Feststellbremse an der Hinterachse dient der Sicherheit im hügeligen Gelände. Das Verdeck sollte bei Regen und Sonne gut schützen, beispielsweise durch einen integrierten UV-Schutz. Natürlich sollte der Sportwagen robust sein und den höheren Anforderungen auf verwurzelten oder felsigen Wegen standhalten und über eine gute Hinterachsfederung verfügen. Einige der Wanderwege sind wegen des schwierigen Geländes selbst für Sportbuggys nicht geeignet und nicht immer sind alternative Wege möglich.

Wandern mit Hunden

Auch wenn fast alle vorgestellten Wandertouren für Hunde geeignet sind, müssen einige Sachverhalte beachtet werden. In Natur- und Landschaftsschutzgebieten sind Hunde an der Leine zu führen. Viele Wanderwege führen an Bächen oder Flüssen entlang. Trotzdem sollte ein Trinkvorrat mitgenommen werden, da kleine Bäche in heißen Sommern austrocknen können und besonders die längeren Strecken auf Teilabschnitten keine Wasserstellen aufweisen.

Die Hinterlassenschaften des Hundes sollten besonders an Feldern, die zur Nahrungsmittelproduktion dienen, und in Ortschaften aufgesammelt und in Kotbeuteln bis zum nächsten Mülleimer mitgenommen werden. Zahlreiche Wanderrouten führen über weite, offene Flächen, die im Sommer der prallen Sonne ausgesetzt sind. Ihr Hund wird es Ihnen sicher danken, wenn Sie diese Wanderungen nicht um die Mittagsstunde angehen.

Karten und GPS

- ▷ Schmallenberger Sauerland, Maßstab 1:30.000. Verlag Freytag-Berndt und ARTARIA,ISBN 978-3-89920-492-6, 3. Auflage, 2019, € 8
- ▷ Wander-, Ski- und Radwanderkarte Waldecker Upland, Maßstab 1:30.000, Barthel Verlag, ISBN 978-3-89591-229-0, 2016, € 5,90
- ▷ Wander-, Ski- und Radwanderkarte Hochsauerland, Winterberg, Kahler Asten, Maßstab 1:30.000, Barthel Verlag, ISBN 978-3-89591-234-4, 2016, € 5,90
- ▷ Winterberg, Maßstab 1:25.000, Verlag Freytag-Berndt und ARTARIA, ISBN 978-3-89920-655-5, 4. Auflage 2019, € 8
- ▷ Hochsauerland, Maßstab 1:35.000, Verlag KKV, ISBN 978-3-86973-103-2, 2015, € 6

- ▷ Hochsauerland, Winterberg, Kahler Asten und Umgebung, Maßstab 1:30.000, Barthel Verlag, ISBN 978-3-89591-234-4, 2016, € 5,90
- ▷ Diemelsee, Twistesee, Edersee, Maßstab 1:33.000, Verlag KKV, ISBN 978-3-86973-231-2, € 6
- ▷ Wanderkarte Blatt 24 Balve, Verlag GeoMap, ISBN 978-3-93618-465-5, 2013. € 7,95
- ▷ Wanderkarte 841 Sauerland Nord, Hochsauerland, Arnsberger Wald, 1:50.000, Kompass Verlag, ISBN 978-3-99121-230-0, € 11,99
- ▷ Wanderkarte 842 Sauerland Süd, Hochsauerland, Rothaargebirge, Siegerland, 1:50.000, Kompass Verlag, ISBN 978-3-99044-414-6, € 11,99

☺ Die Kartenempfehlungen wurden von der Geobuchhandlung Kiel überprüft.

💻 www.geobuchhandlung.de

Die GPS-Tracks zu den beschriebenen Wegen können Sie von der Internetseite des Verlags (💻 www.conrad-stein-verlag.de) herunterladen.

📖 **GPS** *Grundlagen · Tourenplanung · Navigation* von Michael Hennemann, Conrad Stein Verlag, Basiswissen für draußen, ISBN 978-3-86686-495-5, € 9,90

Updates

Der Conrad Stein Verlag veröffentlicht Updates zu diesem Wanderführer, die direkt vom Autor oder von den Lesern dieses Buches stammen. Sie finden diese auf der Verlagshomepage 💻 www.conrad-stein-verlag.de.

Der abgebildete QR-Code führt Sie direkt dorthin.

Olpe

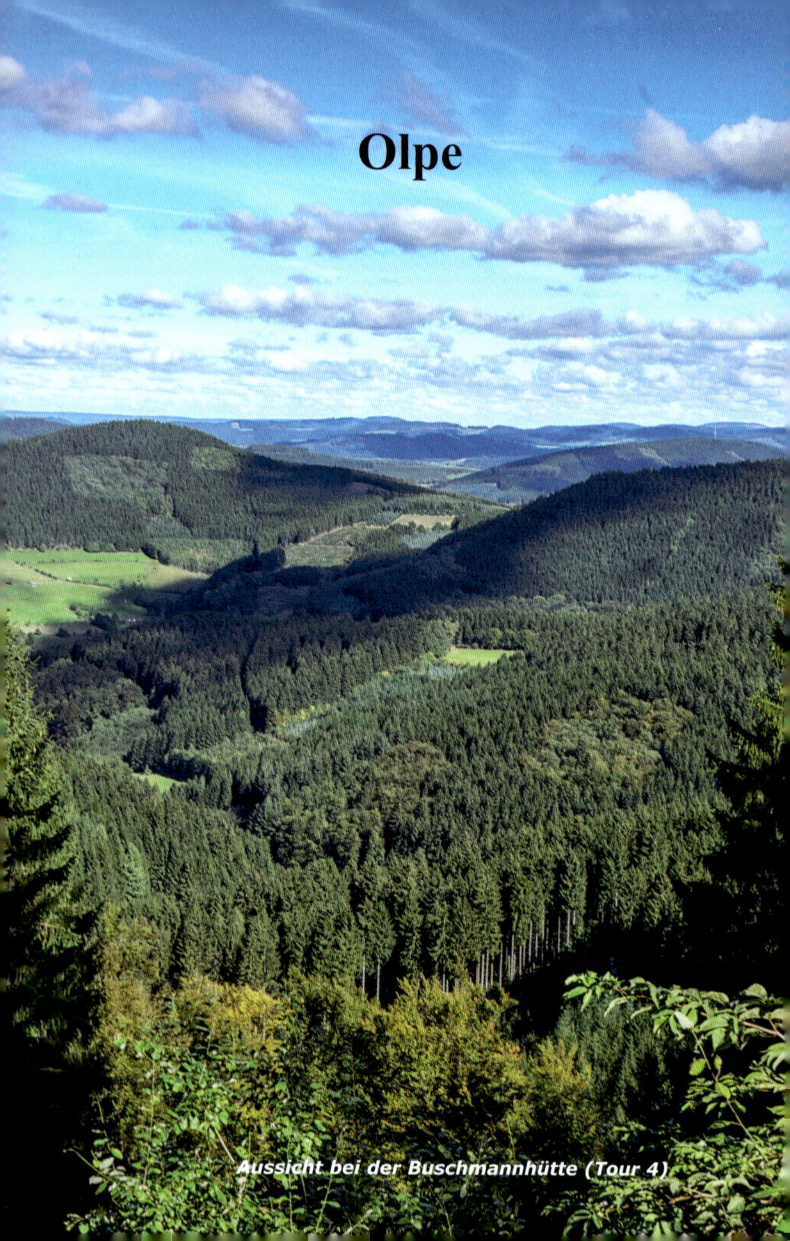

Aussicht bei der Buschmannhütte (Tour 4)

❶ Ebbemoore – ein Hangmoor und eine Aussichtswarte

Tour für Familien und Turmbesteiger

Wildromantisch wird es nach der Bergkuppe des Großen Hahn im Moor „Wilde Wiese" mit seinem kurzen Bohlenweg. Sie erklimmen die Nordhelle, steigen auf den Robert-Kolb-Turm und wandern mit schönen Aussichten den Nordhang hinab, bevor Sie die letzten Schritte auf einem naturnahen Pfad zurückführen.

- Start/Ziel: Wanderparkplatz P 5 unterhalb der Nordhelle, GPS N 51°08.652' E 007°44.824'
- 7,9 km
- 2 Std. 30 Min.
- 187 m/187 m
- 557-660 m
- A2 (schwarze Schrift auf weißem Grund), Sauerland-Höhenflug (weißes H auf gelbem Grund), A4 (schwarze Schrift auf weißem Grund)
- viele Waldwege und einige Pfade
- Gaststätte Nordhelle (km 3,9)
- Rastplatz an der „Wilden Wiese" (km 2,7), Rastplatz am Abenteuerspielplatz (km 4), Waldsofa an der Nordhelle (km 4,1), Rastbänke am Skihang (km 4,5)
- Das Gelände inklusive Robert-Kolb-Turm wird Kindern gefallen, die Wandertour ist gut zu bewältigen.
- Der steile Skihang von der Nordhelle abwärts ist für Buggys nicht geeignet, eine Ausweichroute ist im Text beschrieben.
- Trinkgelegenheit besteht am Homberger Bach bei der „Wilden Wiese".
- Die Wanderbuslinie 252 pendelt an Sonn- und Feiertagen während der Saison von Mai bis Oktober viermal täglich zwischen Meinerzhagen, Nordhelle und Lüdenscheid. Die Haltestelle auf der Nordhelle befindet sich an der L707 in unmittelbarer Nähe zum Parkplatz P5.
- P Wanderparkplatz P5 unterhalb der Nordhelle an der L707 (Straße von Valbert nach Reblin), GPS N 51°08.652' E 007°44.824'

Sie beginnen die Rundwanderung am Wanderparkplatz auf dem Wanderweg A2. An einer ⌂ Schutzhütte können Sie sich mithilfe vieler Schautafeln über das Wandern rund um die Nordhelle informieren. Dann wenden Sie sich zur L707

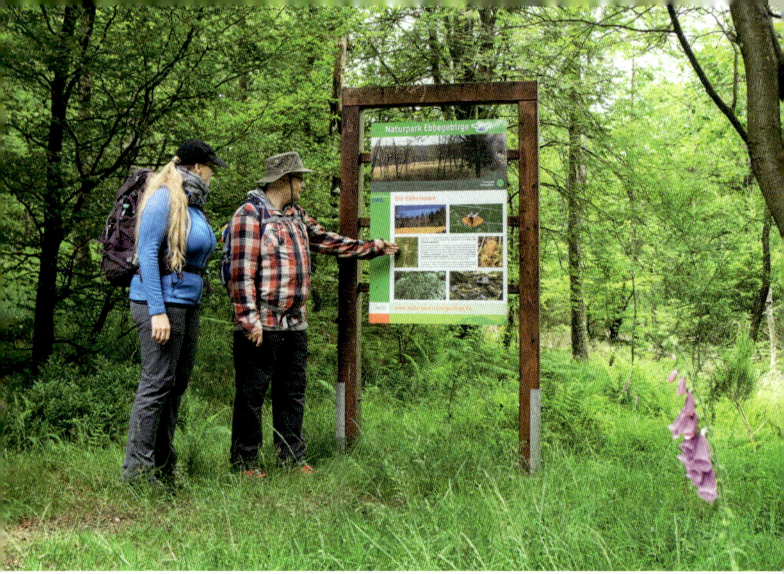

An der „Wilden Wiese"

zurück, halten sich dort aber sofort links und verlassen die Zufahrtsstraße über einen von oft beeindruckenden Fichten und kleinen Lichtungen gesäumten Waldweg. Umgeben von dichtem Nadelwald beim Berg Großer Hahn wandern Sie auf dem gut ausgebauten Waldweg, der später in einen weichen Wiesenweg entlang

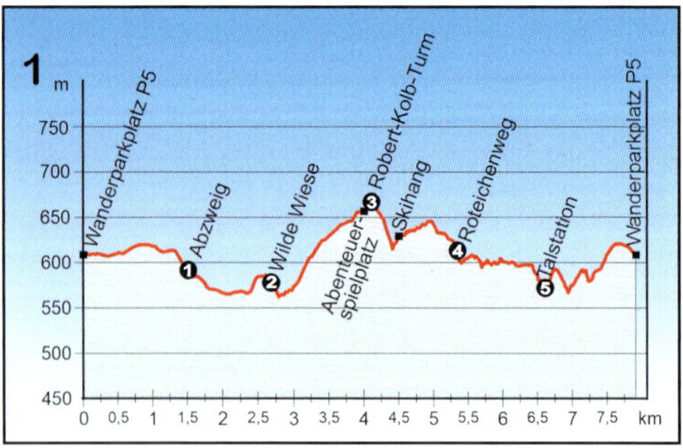

von niedrigen Bäumchen und Büschen übergeht.

Nach rund 1,5 km treffen Sie auf den quer verlaufenden Auerhahnbergweg, dem Sie sich gemeinsam mit dem Sauerland-Höhenflug und mit den ersten schönen Aussichten über die Höhen nach links anschließen ❶. Sie entdecken rechter Hand Moorbuchenbruchwald, halten sich an einer Weggabelung rechts und gelangen nach 500 m sanften Abstiegs zum Moorgebiet „Wilde Wiese" ❷ beim Homberger Bach. Eine Informationstafel berichtet über die Ebbemoore und eine Rastbank lädt zur ersten Pause ein (km 2,7), bevor Sie das munter plätschernde Bächlein über einen Holzsteg queren.

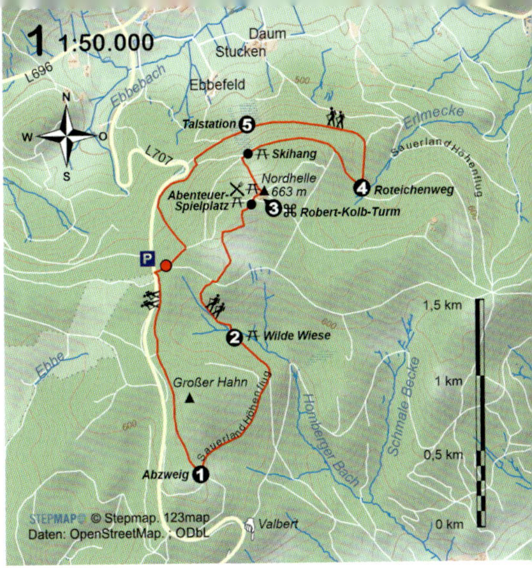

Die Ebbemoore, gelegen im 777 km^2 großen Naturpark Ebbegebirge, zeichnen sich durch raues und regenreiches Klima – auf den Höhenlagen bis zu 1.600 Liter/m^2 im Jahr – aus und bildeten besonders am Südhang des Ebbegebirges Quell- und Hangmoore wie an der Wilden Wiese aus. Auffällig sind Pflanzen wie der Sonnentau oder die wasserspeichernden Torfmoose. Früher lebte die Region von der Eisenherstellung und –verarbeitung, Holzkohle wurde benötigt, der Holzeinschlag schluckte große Gebiete des alten Laubwaldes. Nun säumen die vielen kleinen Bäche in den Moor- und Bruchwäldern meist Schwarzerlen, durch die Bewaldung entstanden aber auch wieder naturnahe Buchenwälder. Schwarzstörche und Eisvögel oder der scheue Raufußkauz bevölkern die Moorgebiete.

Ein schönes Wegstück lang stapfen Sie nun über einen Bohlensteg, wandern dann über verwurzelte Pfade und überqueren den befestigten Südhangweg. Hier trennen Sie sich vom A2 und wandern nun weiter auf einem Pfad mit dem Sauerland-Höhenflug durch einen aufgeforsteten Buchenwald, dessen junge Bäume noch nicht den Blick auf den rund 130 m steil aufragenden Sendeturm Nordhelle des WDR und bald auch den Robert-Kolb-Turm ❸ versperren.

Zeitweise öffnet sich der Blick weit über das Sauerland, bevor Sie sich auf den Abenteuerspielplatz mit zahlreichen Rastgelegenheiten (km 4,) gleich neben dem Aussichtsturm wenden. Die Nordhelle stellt mit knapp 663 m die höchste Erhebung des Ebbegebirges dar.

Unterhalb des ⌘ Robert-Kolb-Turms lädt die Gaststätte Nordhelle zur Einkehr ein.

Gaststätte Nordhelle, Nordhelle 1, 58849 Herscheid, ☏ 023 57/38 76, sabine.teschner@gmail.com, www.gaststaette-nordhelle.de, Di, Mi, Fr-Sa 12:00-18:00, So und Feiertag 11:00-18:00, Mo u. Do geschlossen (Küche 12:00-17:00 geöffnet)

Zu den Öffnungszeiten der Gaststätte können Sie den Robert-Kolb-Turm mit seiner verglasten Aussichtsplattform und der famosen Fernsicht nach Norden und Südwesten bis ins Siebengebirge oder ins Münsterland erklimmen.

Der Robert-Kolb-Turm wurde nach einem Jahr Bauzeit im Jahr 1931 eröffnet. Robert Kolb war der damalige Hauptwegewart des Sauerländer Gebirgsvereins. Schon im 19. Jh. ließ Napoleon I. an dieser Stelle einen Turm errichten, der, ausgestattet mit einem Spiegeltelegrafen, zur Nachrichtenübermittlung diente. Für Amateurfunker ist der heutige Turm wichtig, weil auf seiner Spitze eine Relaisfunkstelle installiert wurde. Zuletzt wurde der Robert-Kolb-Turm in den Jahren 2010 und 2011 aufwändig restauriert und wiedereröffnet.

Nicht weniger eindrucksvoll sind die Ausblicke, sobald Sie sich hinter dem Turm nach links wenden. Vielleicht besetzen Sie das geschickt platzierte Waldsofa (km 4,1), um die Augen auf Wanderschaft zu schicken.

Der Skihang ist mit Buggy nicht gefahrlos befahrbar, weil es steil bergab geht. Sie gehen deshalb am Turm auf dem befestigten Weg geradeaus rund 300 m weiter und dann links über den Panoramaweg, bis Sie auf den Sauerland-Höhenflug treffen und sich ihm nach rechts in Richtung Roteichenweg anschließen.

Oder Sie gehen sofort auf einem herrlich weichen Wiesenweg den abschüssigen Skihang von der Nordhelle hinunter, die Blicke immer weit hinweg über den

Nadelwald gerichtet, auf den Sie zusteuern. In der Hangflanke treffen Sie auf den Panoramaweg, dem Sie sich, jetzt auch auf A4, nach rechts anschließen. Im Tal erkennen Sie den Ebbebach und das Dörfchen Reblin, das Sie von den ⛼ Rastbänken am Skihang (km 4,5) einige Schritte entfernt entspannt betrachten können.

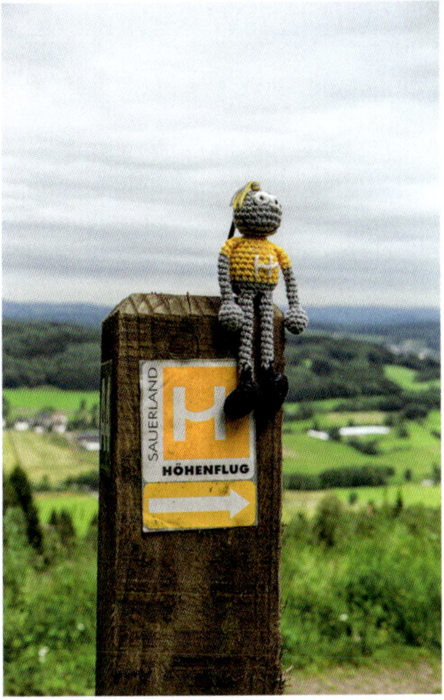

„Ömmel" mit Wegezeichen und Talblick

Auf dem befestigten Weg wandern Sie gemächlich rund 1 km durch den Wald, wenden sich dann in der Nähe des Moors „Wolfsbruch" nach links auf den Roteichenweg ❹ und folgen dem sanft abwärts laufenden Weg. Im Herbst, wenn das Laub sich rot färbt, wird dieses Wegstück seinem Namen vollauf gerecht.

250 m darauf verlässt Sie der Sauerland-Höhenflug nach rechts, während Sie dem A4 weiter auf dem Nordhangweg folgen, ein Fluggelände für Hängegleiter und Gleitsegel und die Talstation des Skihangs ❺ passieren, begleitet von schönen Ausblicken in die Talebene des Ebbebachs, der später seinen Namen in Oester ändern und in die Oestertalsperre fließen wird, und auf den 584 m hohen Nümmert.

Gut 300 m danach dürfen Sie den steinigen Pfad linker Hand bei einer Wegschranke kurz vor der L707 nicht übersehen, der Sie dicht an Bäumen und Büschen vorbei stetig, aber gemächlich aufwärts trägt. Nach dem Anstieg treffen Sie auf einen asphaltierten Weg, der hoch zur Nordhelle führt. Hier trennen Sie sich von A4 und folgen stattdessen der Straße 200 m nach rechts, bis Sie den Zielpunkt am Wanderparkplatz erreichen.

② Auf der Westroute des Bigge-Lister-Wegs

Tour für Wasserfreunde und Auszeithungrige

Nach dem Start an der Listerhalle trennen Sie sich schon bald vom Stausee, denn Sie suchen im Berghang die Wälder auf und versinken in der Stille, wandern an Wiesen vorbei und erhaschen von den Höhen weite Blicke über den See. Dann überqueren Sie die mächtige Staumauer und spazieren auf einem Waldweg wieder bergan, um erneut in Fernsichten zu schwelgen, bis Sie eigenwillige Kunstobjekte am Wegesrand sichten. Nachdem Sie den kleinen Ort Herpel passiert haben, führt Sie der Weg ein letztes Mal hinauf, bevor Sie mit einigen abschließenden Blicken auf die Listertalsperre die Wanderrunde beenden.

- Start/Ziel: an der Listerhalle, Hunswinkel, GPS N 51°04.799‘ E 007°47.775‘
- 15,9 km
- 4 Std. 30 Min.
- 378 m/378 m
- 311-452 m
- BL (weiße Schrift auf blauem Grund), BL (weiße Schrift auf schwarzem Grund)
- Wechsel zwischen Waldwegen und befestigten Wegen
- Bauern-Café Hitzenalm (km 10)
- Waldsofa nach Hunswinkel (km 0,5), Rastbänke an der Listertalsperre (km 7,2), Rastbank unter Bäumen (km 8,1), Sauerland-Panorama-Blick (km 8,5), Rastplatz am Wald (km 10,2)
- Planschen an der Talsperre ist natürlich nicht möglich, aber der Weg ist abwechslungsreich.
- Die meisten Wege sind gut für Buggys ausgebaut.
- Hunde können am See trinken. Entlang der Staumauer und in den Orten geht es über asphaltierte Wege und Straßen.
- von Meinerzhagen Linie R52 bis „Hunswinkel Schule“, sonntags keine Busverbindung, www.vrsinfo.de
- P an der Listerhalle in Hunswinkel, GPS N 51°04.799‘ E 007°47.775‘

Sie wandern vom Parkplatz an der Listerhalle auf die Listerstraße, halten sich mit dem Wegzeichen BL (weiße Schrift auf blauem Grund) rechts, überqueren die Listerstraße und wandern die Straße Überm See schnurstracks hinauf. Dann orientieren Sie sich an der ✝ Kirche St. Peter am See links. Die katholische Kirche

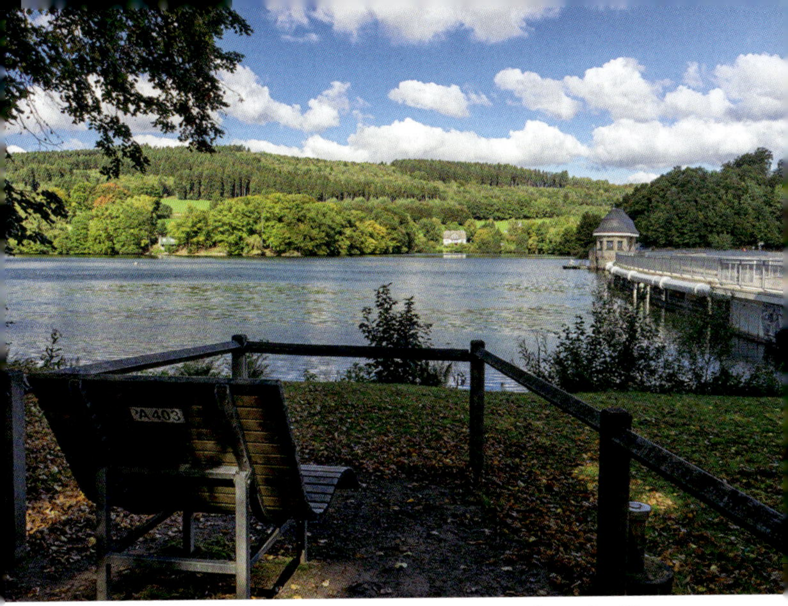

Liegesofa an der Staumauer

wurde 1966 geweiht und strebt wie ein riesiger Schiffsbug nach oben. Sie dient als Gotteshaus auch für Gäste und Besucher der Campingplätze und Ferienhaussiedlungen in der Nähe. 200 m darauf entdecken Sie ein Waldsofa (km 0,5), malerisch ins Grün eingebettet und mit einem schönen Blick über die Listertalsperre ❶.

Womöglich ist es aber für ein längeres Verweilen zu früh, sodass Sie bald der Linkskurve folgen.

Sie tauchen in Mischwald mit den moosgrün bewachsenen Hängen des Ebbegebirges ein, halten sich auf dem Hauptweg unterhalb des 465 m hohen Nockelbergs, wenden sich nach 1 km an einer Wegkreuzung nach rechts und wandern geradeaus weiter, bis sich linker Hand eine Wiese ausbreitet. An der Weggabelung halten Sie sich erst links, und während der Weg sich sanft abwärts neigt, gehen Sie nach 200 m rechts.

Durch den Schatten gebenden Wald stromern Sie weiter und ignorieren abzweigende Wege, bis Sie eine weitere ausufernde Wiese mit Weiderindern erreichen. Die Kreuzung am Ende überqueren Sie geradeaus, treten wieder in den Wald und bleiben auf dem Hauptweg.

Nach der erfrischenden Waldpassage eröffnet sich eine wunderbare Aussicht über den Biggesee ❷ und die Doppelstockbrücke mit zwei übereinander angeordneten Fahrbahnen. Sie wandern dann erneut durch ein Waldstück und erleben nach 1 km ein weiteres Mal Fernsichten, diesmal in Richtung Attendorn. Sie passieren ein weites Maisfeld und treffen auf die Seestraße, der Sie nun mit dem Verbindungsweg BL (weiße Schrift auf schwarzem Grund) hinunter zur Talsperre folgen.

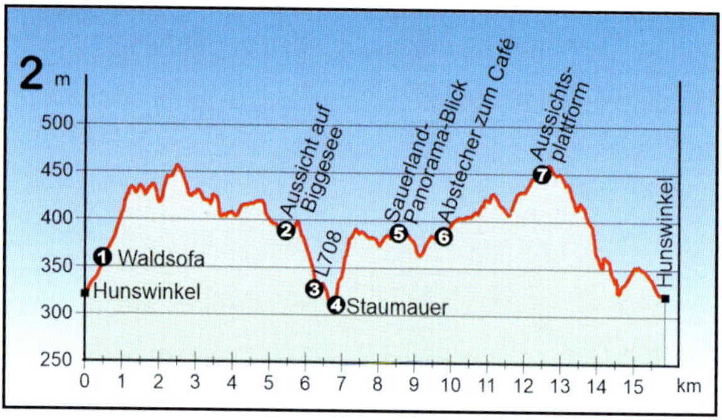

Sie überqueren umsichtig die L708 ❸, halten sich am Parkplatz links und spazieren gemütlich entlang der Listertalsperre bis zur ⌘ Staumauer mit einer 264 m langen Dammkrone, die Sie mit einigen Blicken nach rechts und links über den ruhigen See überqueren.

Die 1912 erbaute Talsperre hat eine Fläche von 169 ha, ist 4,5 km lang und liegt zwischen den Städten Attendorn, Drolshagen und Meinerzhagen im Ebbegebirge. An der tiefsten Stelle des Sees geht es 33 m bis zum Grund hinab. Die Listertalsperre ist ebenso wie der Biggesee ein beliebtes Ausflugsziel und heute ein Seitenarm der erst 1965 errichteten Biggetalsperre. Das Schwimmen ist aber nur an ausgewiesenen Badestellen erlaubt. Wer angeln möchte, findet im See viele Fischarten von Aal bis Zander.

Einige Rastbänke (km 7,2) ❹ laden zum Verweilen ein, doch dürfen Sie den unauffälligen Einstieg nach rund 100 links steil hinauf nicht verpassen.

Der Weg führt Sie durch ein kleines Waldstück knapp 500 m bergan. Sie orientieren sich nach rechts und wandern mit schönen Aussichten auf die Lister-

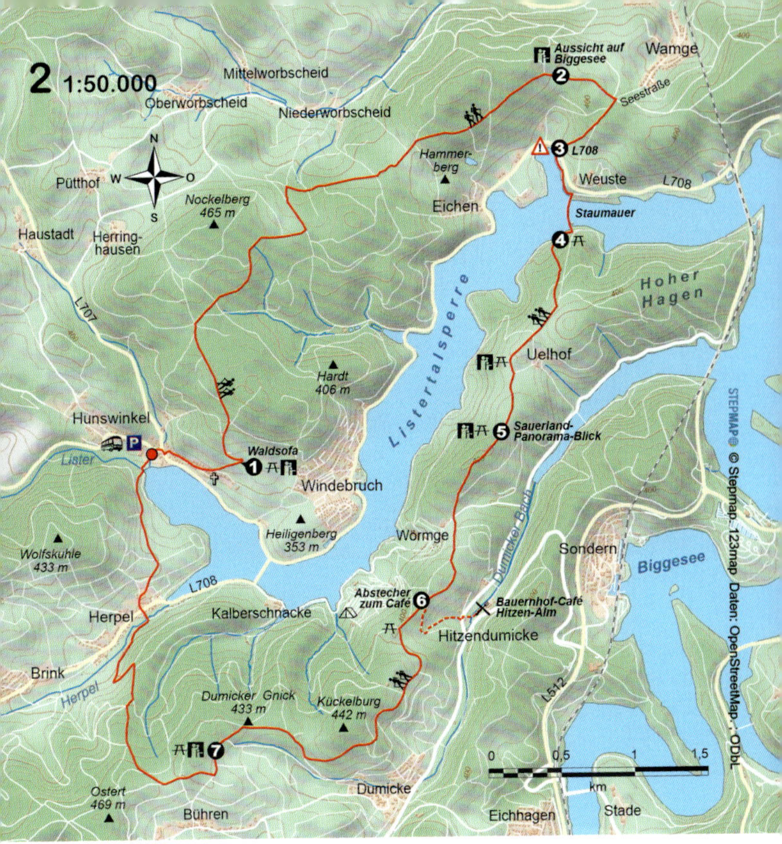

talsperre über das Plateau. Sie gehen an Uelhof vorbei. Hier kommt von links der Bigge-Lister-Weg wieder dazu, sodass Sie von nun an bis zum Ende der Wandertour erneut mit der Markierung BL (weiße Schrift auf blauem Grund) wandern.

Sie entdecken in einer leichten Linkskurve schattig unter Bäumen eine Rastbank mit famosen Aussichten auf Windebruch am jenseitigen Seeufer (km 8,1).

Gemächlich flanieren Sie entlang der ausladenden Wiesenflächen, bis ein Waldstück Sie wieder umfängt. Jetzt heißt es achtgeben, denn ein Abstecher gleich nach wenigen Metern bringt Sie rechts zum Sauerland-Panorama-Blick Attendorn-Voßsiepen ❺ mit Ausblicken ins Ebbegebirge und einer aufschlussreichen

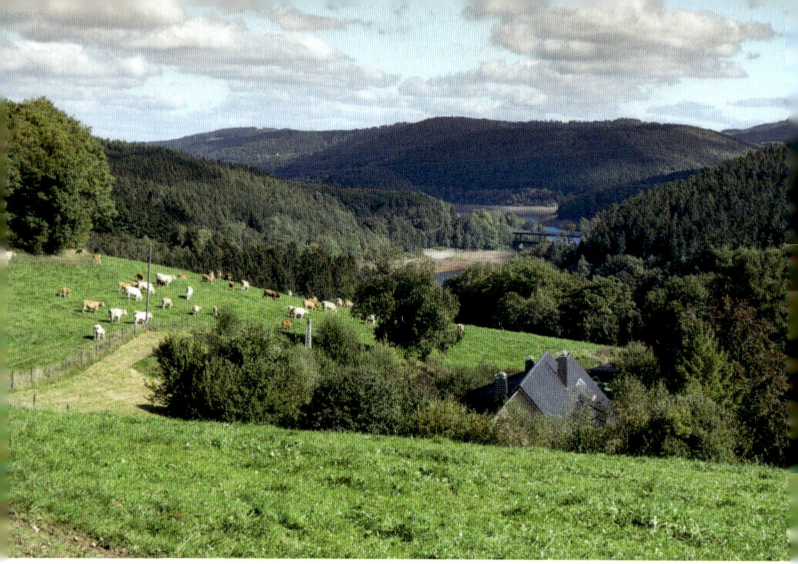

Sauerland-Panorama-Blick über die Höhen

Informationstafel, Rastbänken und einem Gästebuch, in dem Sie ein Grußwort hinterlassen können (km 8,5).

Zurück auf dem Hauptweg können Sie auf der anderen Seite des Weges den zweiten Sauerland-Panorama-Blick genießen, diesmal zur Biggetalsperre oder zur Burgruine Waldenburg und Rinderherden.

Wenn man mit so vielen Fernsichten verwöhnt wird, fliegen die Wanderschuhe fast wie von selbst über den gut ausgebauten Weg, der Sie nach 600 m wieder aus dem Waldstück herausführt. Auf der Höhe von Wörmge überqueren Sie an Pferdekoppeln vorbei einen Feldweg geradeaus, wandern kurzzeitig durch Laubwald, genießen danach wieder sonnengetränkte Luft zwischen eingezäunten Weideflächen und können an einer Weggabelung nach links zum Café Hitzenalm den Abstecher für eine Einkehr einflechten ❻.

Rechts kommt ein Fichtenwald mit Abzweig zum Campingplatz, links führt ein unmarkierter Weg entlang einer Weide hinunter nach Hitzendumicke zur Hitzenalm. Bauernhof-Café Hitzen-Alm, Hitzendumicke 4, 57462 Olpe, ☏ 027 61/625 01, nach Vereinbarung

Als Nächstes erwartet Sie natürlich wieder ein kurzes Waldgebiet, das Sie im Anschluss an einen schönen Rastplatz (km 10,2) nach links verlassen.

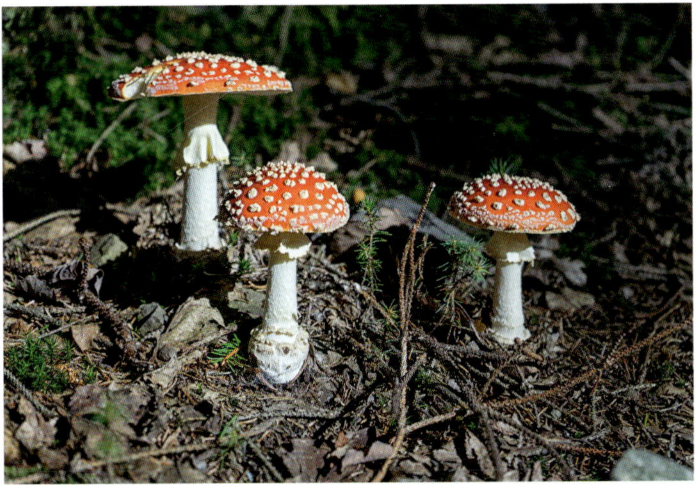

Gut behütete Pilze

Auf dem Hauptweg wandern Sie durch ein saftiggrünes Ensemble von Baumschonungen, Wiesen und Weiden, umgeben von vielen Aussichten in die Täler und über die sanften Hügel.

An einem Waldsofa begegnen Sie dem ersten Kunstobjekt der „KuLTour am Listersee" auf dem LandArt-Rundwanderweg. Die Kunstobjekte werden Sie ein Stück weit begleiten. Bei dem im Jahr 2007 begonnenen Projekt stellen 12 kreative Frauen an einem etwa 7 km langen Rundweg ihre Kunstwerke aus, z. B. den „Zyklus", die „Baumschule" oder die „Weggefährten". Also bitte die Augen offen halten für die manchmal unscheinbar im dunklen Wald platzierten Objekte, und die Sinne öffnen für die ausschließlich aus natürlichen Materialien gestalteten Werke.

Am Kückelberg wandern Sie ohne großes Auf und Ab und abwechselnd mit Blick über die offenen Flächen oder unter Schatten spendenden Baumreihen. Beim Dumicker Gnick finden Sie beim Wasserwerk eine Aussichtsplattform mit Rastbänken vor 7. Sie passieren auch das Dumicker Kreuz mit einem Holzkreuz an einer Weggabelung. Über die Höhenzüge statt durch die versumpften

Talauen zogen sich einst Handelswege wie hier zum Zisterzienserkloster in Drolshagen, das Lehnsherr über Teile der Region war.

Bald neigt sich der Weg vorsichtig abwärts, erste neue Blickwinkel auf die Listertalsperre eröffnen sich, dann tauchen Sie wieder in den tiefgrünen Wald ein, bis Sie über die Straße Am Lingenberg das am gleichnamigen Bach gelegene Örtchen Herpel erreichen. Sie halten sich an einem mit Rastbänken gesäumten Grubeneingang links über die Straße Am Herpelbach, queren die Seestraße und verlassen das Dorf über die Breite Wende Richtung Hunswinkel.

Der sanfte Anstieg bringt Sie auf die Anhöhe mit dank der offenen Wiesen unverstellten Blicken zur Talsperre, bevor Sie dann auf herrlich weichem Wiesenweg die letzten Meter zurücklegen. Nun überqueren Sie noch die Lister, bevor Sie nach einer abwechslungsreichen Wanderrunde Ihren Zielpunkt am Parkplatz an der Listerhalle erreichen.

Wegezeichen und Blick auf Hunswinkel

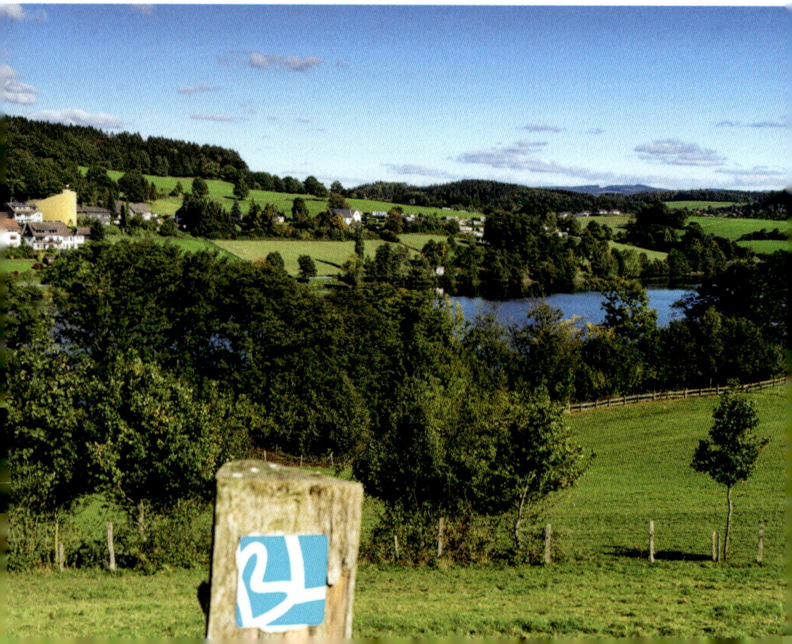

❸ Auf der Nordschleife über den Veischeder Sonnenpfad

Tour für Wanderer mit Weitblick

Schöpfen Sie einmal tief Atem, denn es geht gleich zügig hinauf zur Hohen Bracht. Zwischendurch gönnen Sie sich Blicke über das Sauerland. Und wenn Sie auf den Aussichtsturm hinaufklettern, entdecken Sie sicher auch den Kahlen Asten in der Ferne. Von der Hohen Bracht wandern Sie durch meist stille Wälder, schauen bei einer Kapelle vorbei und Rindern in die Augen und strecken die Beine auf einem Waldsofa aus, damit Sie die letzten Anstiege zum Rosenberg meistern können. Zum Schluss schlendern Sie noch durch Burg Bilstein, bevor die Füße Sie hinab in den rührigen Ort tragen.

- Start/Ziel: Amtshausplatz Bilstein, GPS N 51°05.689‘ E 008°01.248‘
- 17,5 km
- 5 Std. 30 Min.
- 583 m/583 m
- 266-573 m
- Sauerland-Spur (weißes B auf schwarzem Grund)
- meist gut befestigte Waldwege, selten Pfade
- Restaurant-Café-Aussichtsturm Hohe Bracht (km 2,3)
- Rastplatz an der Infotafel (km 2,2), Rastplatz auf der Hohen Bracht (km 3,4), Rastbänke an der Kreuzbergkapelle (km 11,1), Rastbänke an der Schutzhütte (km 11,5), Waldsofa und Rastplatz an der Informationstafel (km 12,5), Waldsofa mit Talblick (km 14)
- Für die lange und anstrengende Tour sollten Kinder wandererfahren sein.
- Es gibt einige verwurzelte Pfadpassagen, die für Buggys nicht geeignet sind.
- Erst in Bonzel an der Veischede finden Hunde eine Trinkgelegenheit, also muss auf jeden Fall Wasser mitgenommen werden. In Bilstein geht es über asphaltierte Wege.
- bis Olpe oder Altenhundem mit der Bahn, von dort mit der Schnellbuslinie SB3 nach „Bilstein-Amtshausplatz“, www.zws-online.de., stündlich, Sa. und So. viermal tägl.
- P Amtshausplatz Bilstein, GPS N 51°05.689‘ E 008°01.248‘

Sie beginnen die Wandertour am Amtshausplatz in Bilstein und orientieren sich am Wegzeichen der Sauerland-Spur (weißes B auf schwarzem Grund). Sie wenden sich zur Straße Bilsteiner Markt, überqueren die Veischede und orientieren sich im

Anschluss nach rechts in die Straße Bremke, nach 130 m nach links, nun aber auf asphaltiertem Weg deutlich in den Hang unterhalb des Buchhagen hinein. Abwechselnd durch Mischwald und Windbruchfelder halten Sie sich erst an einer Weggabelung links, dann folgen Sie dem Hauptweg über zwei Wegkreuzungen hinweg geradeaus und erreichen auf der Anhöhe einen ⩩ Rastplatz mit Informationstafel zum Veischeder Sonnenpfad (km 2,2) ❶. Für eine Rast ist es sicher noch zu früh, sodass Sie sich nun an den Aufstieg zur Hohen Bracht machen.

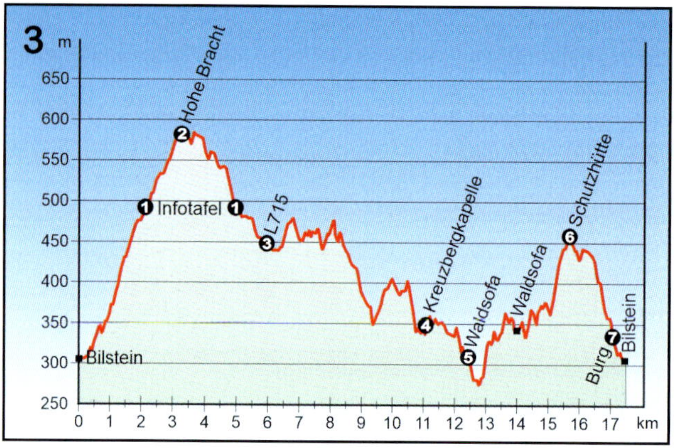

Dazu halten Sie sich auf dem Hauptweg rechts und passieren nach einer bunten Blumenwiese den Skilift am kahlgefegten Skihang. Sie wandern im Schatten der Hohen Bracht weiter und genießen die schönen Ausblicke über Lennestadt mit den Dörfern Altenhundem und Kirchhundem hinaus.

500 m nach dem Skilift wählen Sie einen Pfad rechter Hand, der Sie auf gewundenem Weg geradewegs zur Hohen Bracht trägt. Rechts vom Aussichtsturm erwartet Sie ein rustikaler ⩩ Rastplatz mit guter Aussicht (km 3,4) ❷.

Wenn Sie einkehren möchten, bietet sich das Restaurant-Café Hohe Bracht an. Den Turm sollten Sie auch ersteigen.

✕ Restaurant-Café-Aussichtsturm Hohe Bracht, 57368 Lennestadt, ☏ 027 23/719 95 95, info@hohebracht.de, www.hohebracht.de, Do-Sa 12:00-22:00, So 12:00-18:00, Mo-Mi geschlossen

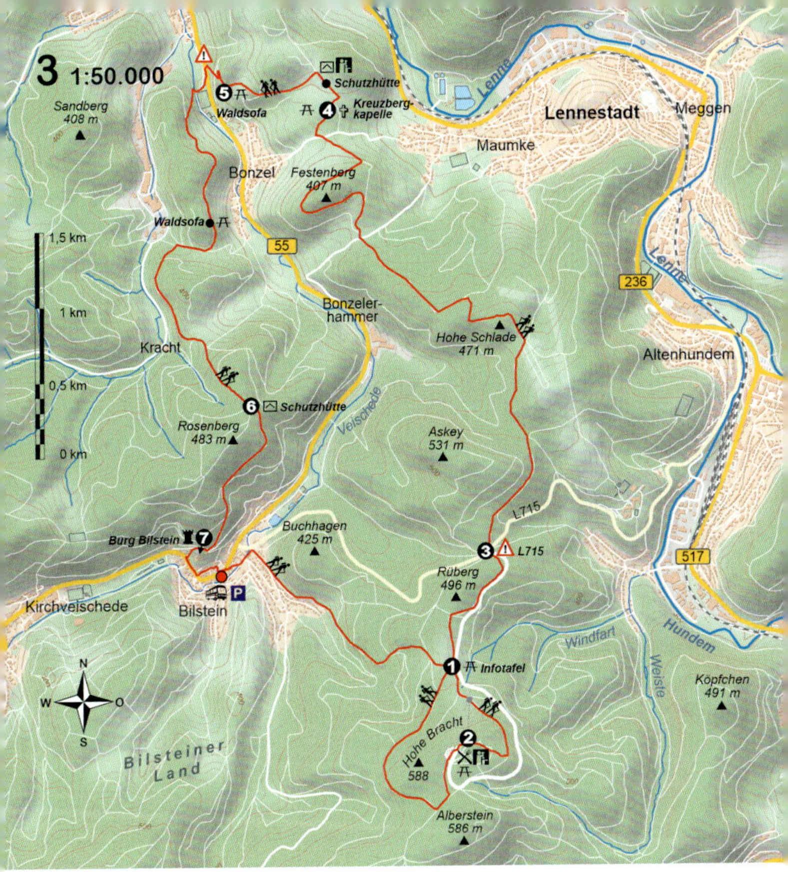

1931 wurde auf der Hohen Bracht eine Nebenstelle der Jugendherberge in Bilstein gegründet, nach dem Zweiten Weltkrieg diente die Einrichtung noch als Jugendheim, der Berg entwickelte sich wieder zu einem beliebten Ausflugsziel. Eröffnet wurde der 36 m hohe und ortstypisch vollständig verschieferte Aussichtsturm im Jahr 1930 und ist seither das Wahrzeichen des Kreises Olpe. Von der Aussichtsplattform reicht der Blick über weite Gebiete des Sauerlands wie zum Ebbegebirge, zum Lennegebirge, zu den Saalhauser Bergen, in den Hohen Westerwald und in das Rothaargebirge mit dem Kahlen Asten, aber auch nach Bilstein mit der Burg oder zum Rhein-Weser-Turm. Die Hohe Bracht verfügt über zwei getrennte Bergkuppen, wobei die Nordostkuppe, auf der Sie stehen, mit 581 m Höhe rund 6 m niedriger ist als der Berggipfel der Südwestkuppe.

Aussicht an der Hohen Bracht über Lennestadt

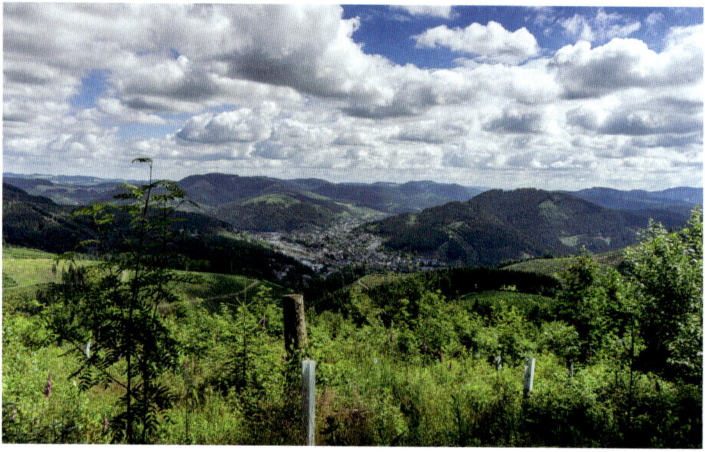

Sie verlassen das Areal am Parkplatz entlang, wechseln nun auf einen Waldpfad und wandern um die Südwestkuppe der Hohen Bracht herum. Nach 150 m dürfen Sie einen Abzweig nach rechts nicht übersehen, auf dem Sie im weiten Bogen zurück zur Wegkreuzung mit der Informationstafel gelangen. Nun halten Sie sich geradeaus und streifen in einem Windbruchareal mit frisch wachsender Vegetation durch kniehohes Gras, wandern an der Ostflanke des Rübergs durch Fichtenwald und schöpfen auf einer der Rastbänke wieder Atem, bevor Sie die viel befahrene L715 ❸ umsichtig queren. Sie halten sich rechts und steigen sofort auf einem grasbewachsenen Weg leicht in den Hang ein. Später wandern Sie auf befestigtem Weg bis zur Kreuzung Bonschlade, einer Schlucht, die bis nach Altenhundem führt. Sie nehmen den zweiten Abzweig von links, wandern 600 m weiter und dann an der Wegkreuzung erneut links, umrahmt von Baumplantagen.

Abwechselnd wandern Sie nun durch Mischwald und Nadelwald, gewinnen unterwegs noch schöne Aussichten, beispielsweise auf den kleinen Ort Bonzelerhammer im Tal der Veischede, und wandern um den dicht bewaldeten Festenberg herum. Nach dieser wenig abwechslungsreichen Passage gelangen Sie zur Straße Bonzel – Maumke, an der Sie rund 50 m links entlang oder über eine offene Wiese gehen. Sie wenden sich dann nach rechts und erreichen nach 200 m die von Eichen umgebene ✞ Kreuzbergkapelle ❹, bei der einige ⩚ Rastbänke zum Verweilen einladen (km 11,1) .

Sie folgen einer Linkskurve und finden nach 250 m eine ⌂ Schutzhütte und weitere Sitzbänke (km 11,5), auf denen Sie gute Ausblicke über Bonzel hinweg haben.

Gleich im Anschuss wenden Sie sich auf dem Feldweg nach links, flanieren an Viehweiden mit neugierigen Rindern vorbei und nehmen das nächste Angebot nach rund 700 m sicher wahr. Neben einer Informationstafel zum Veischeder Sonnenpfad erwarten Sie dort nämlich ein überdachter ⩚ Rastplatz und ein Waldsofa (km 12,5) ❺. Ein Wink mit dem Zaunpfahl, sodass Sie bestimmt eine Pause einlegen.

Verpassen Sie etwa 100 m weiter links nicht einen abzweigenden Pfad, der Sie hinunter zur lärmenden B55 trägt. ✋ Vorsicht beim Überqueren ist natürlich erforderlich. Sie gehen rund 50 m nach links, halten sich vor dem Sportplatz dann rechts und erreichen einen alternativen Startpunkt mit farbenfrohem Einstiegsportal. Sie überqueren die Veischede und holen wieder einmal tief Luft, denn rechts erwartet Sie ein grasbewachsener Aufstieg, der Sie auf kurzer Strecke zu einem quer verlaufenden Waldweg führt. Dort halten Sie sich links.

Ein Potpourri von Waldstücken, Wiesen und Weiden und schönen Aussichten leitet Sie auf dem Hauptweg weiter durch das Bilsteiner Bergland, und zwischendurch erwartet Sie am Ausblick ins Tal ein weiteres ⩚ Waldsofa (km 14).

Neugieriges Rind am Wegesrand

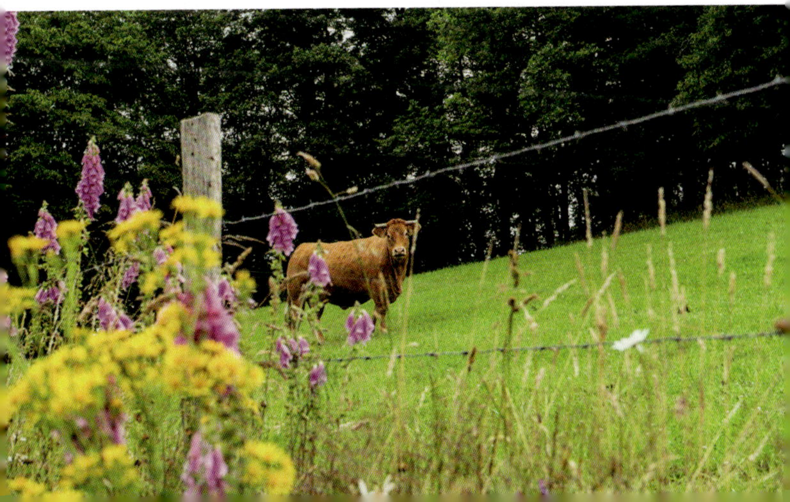

Dann wird es nach einer Wegkreuzung im Wald, an der Sie sich rechts halten, für ein kurzes Stück abenteuerlich, der Pfad wird felsig und eng im Eichenwald, und kantige Felsen drängen sich nahe heran. Nach dieser Passage öffnet sich der Blick wieder über die sanften Hügelketten und in die grünen Täler, bevor die letzten Steigungen anstehen.

Sie wandern auf pfadigem Weg eine Bergkuppe beim Rosenberg hinauf, dann wieder hinunter, passieren eine Schutzhütte, verlassen die Kreuzung nach links ❻ und wandern in mächtigem Buchenhallenwald auf ausgebauten Waldwegen langsam durch das Naturschutzgebiet Bilstein/Rosenberg hinab. Bei diesem Naturschutzgebiet finden Sie Rotbuchen-Traubeneichenwald und Hainsimsen-Buchenwald vor, der hallenartige Wuchs bleibt Ihnen sicher nicht verborgen. Innerhalb einer 14,7 ha großen Naturwaldzelle entdecken Sie viel Totholz, weil keine Nutzung mehr erlaubt ist. Weitere 44,5 ha wurden im Jahr 2013 als Wildniswald ausgewiesen.

Sie erreichen die Burg Bilstein ❼.

Die eigentliche Bedeutung von Bilstein ist „steil aufragender" oder „hervorragender Fels", woraus sich auch der Name dieser in exponierter Lage auf einem Bergsporn positionierten Burg herleitet. Die Anfänge reichen bis ins 13. Jh. zurück. Im Hochmittelalter war sie Sitz der Edelherren von Gevore-Bilstein, im Spätmittelalter diente sie als kurkölnischer Amtssitz. Die zweiteilige Anlage besteht aus der Hauptburg auf der Spitze des Bergsporns und der Vorburg, deren weitläufiger Hof sich im Nordosten anschließt. Der Zugang erfolgt noch immer über ein Torhaus. Das Rundbogentor im Innenbereich entstand erst 1930, wird aber von zwei älteren Rundtürmen flankiert, von denen der südöstliche noch Mauerwerk aus dem 13. Jh. besitzt. Bilstein verfügt über gut erhaltene Bestandteile, die Außenanlagen sind frei zugänglich. Seit 1927 befindet sich eine Jugendherberge in der Burg.

Vom Hof innerhalb der Burg haben Sie letzte schöne Ausblicke auf Bilstein und das Umland. Dann passieren Sie den Parkplatz der Burg und wenden sich sofort danach links über einige Treppenstufen abwärts in den Ort. Sie treffen auf die Straße Freiheit, gehen nun nach links und nach 150 m wieder links in die Straße Poorte. Von dort gelangen Sie in die kleine Parkanlage, durch die Sie flanieren. Dann wählen Sie den Fußgängerüberweg und erreichen auf der anderen Straßenseite wieder den Amtshausplatz.

4 Vom Rhein-Weser-Turm auf die Oberhundemer Bergtour

Tour für Familien und Naturliebhaber

Den Rhein-Weser-Turm besichtigen Sie zum Abschluss, vorher sammeln Sie Fernsichten entlang der Berghänge bis zum Alpenhaus, wandern von dort auf dem Eselspfad hinab nach Oberhundem, flanieren durch die schmalen Straßen zum Haus des Gastes und durch den Kurpark. Dann hangeln Sie sich den Berg aufwärts zu den Oberhundemer Klippen, staunen über die schroffen Felsen und die schönen Weitblicke und legen die letzten Meter zum Rhein-Weser-Turm zurück, wo Sie ein letzter steiler Anstieg auf den Holzturm erwartet, der mit faszinierenden Rundblicken belohnt wird.

Start/Ziel: Wanderparkplatz am Rhein-Weser-Turm, GPS N 51°04.361' E 008°11.884'

14,8 km

4 Std. 30 Min.

450 m/450 m

413-688 m

Rothaarsteig (liegendes weißes R auf rotem Grund), Rothaarsteig-Spur (liegendes weißes R auf schwarzem Grund und ein goldenes G auf rotem Grund)

viele gut ausgebaute Waldwege, schmaler „Eselspfad" vom Alpenhaus

Berggasthof Rhein-Weser-Turm (km 0), Alpenhaus (km 6), Gasthof und Pension zu den Linden (km 9,5), Café am Haus des Gastes (km 9,6)

Rastplatz an der Buschmannhütte (km 3), Rastbänke vor dem Kahleberg (km 4,5), Waldsofa vor Oberhundem (km 8,4)

Kinder mit Ausdauer werden die Strecke meistern können.

Der Eselspfad vom Alpenhaus hinunter nach Oberhundem ist sehr schmal und stark verwurzelt und für Buggys nicht geeignet.

Für Hunde ist der Weg geeignet, unterwegs gibt es aber nur eine Trinkmöglichkeit (am Bächlein zum Wiggesiepen im Anstieg von Oberhundem aus zu den Klippen), sodass ausreichend Wasser mitgeführt werden muss.

zum Bahnhof in Lennestadt-Altenhundem, von dort mit der Linie R36 (fährt mehrmals täglich) nach „Oberhundem-Hauptstraße", dann rund 500 m Fußweg über Hauptstraße und Grubenweg zum Haus des Gastes und Einstieg in die Rundtour

P Wanderparkplatz am Rhein-Weser-Turm, GPS N 51°04.361' E 008°11.884'

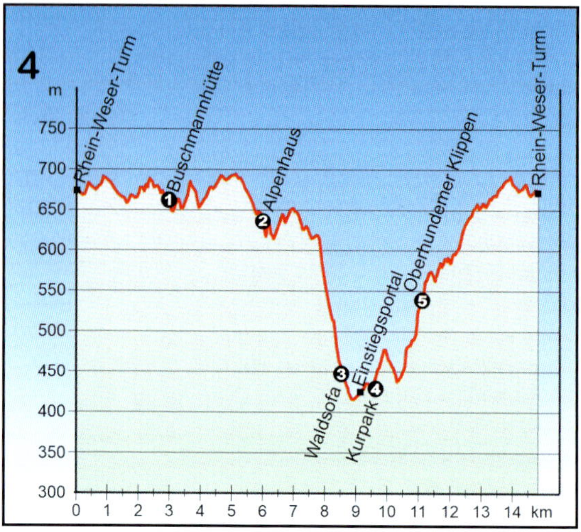

Sie starten die Rundtour beim Wanderportal auf dem Wanderparkplatz am Rhein-Weser-Turm. Von dort folgen Sie dem Rothaarsteig in Richtung Oberhundem und orientieren sich dabei am weißen R auf rotem Grund. Das erste Wegstück bewältigen Sie auf gut ausgebautem Forstweg, passieren einen Fernmeldeturm und wandern am Wegweiser vorbei in Richtung Margaretenstein.

Gemächlich ziehen Sie durch Nadelwald, der ab und an einen Blick hinaus ins Umland gewährt. Bald treffen Sie auf einen befestigten Weg, lassen diesen rechts liegen, gehen stattdessen geradeaus weiter und stoßen 900 m danach auf die Rothaarsteig-Spur Oberhundemer Bergpfad. Sie schließen sich diesem mit einem weißen R auf schwarzem Grund gut ausgeschilderten Wanderweg nach rechts an.

Nach 700 m halten Sie sich an einer Wegkreuzung links und erreichen nach weiteren 600 m eine erste Weggabelung, an der Sie sich links halten, und gleich darauf bei der Buschmannhütte (km 3) ❶ den nächsten Abzweig, bei dem Sie sich nach rechts orientieren, nicht ohne sich vorher einen Augenblick lang an den Aussichten zu erfreuen.

Sie trennen sich hier vom Rothaarsteig und wenden sich rund 100 m später an der Weggabelung nach links. Sanft wandern Sie den Hang hinauf und erfreuen sich an den weiteren Ausblicken ins Rothaargebirge, die erst durch den massiven Windwurf möglich geworden sind. Nach einer Linkskurve atmen Sie sicher

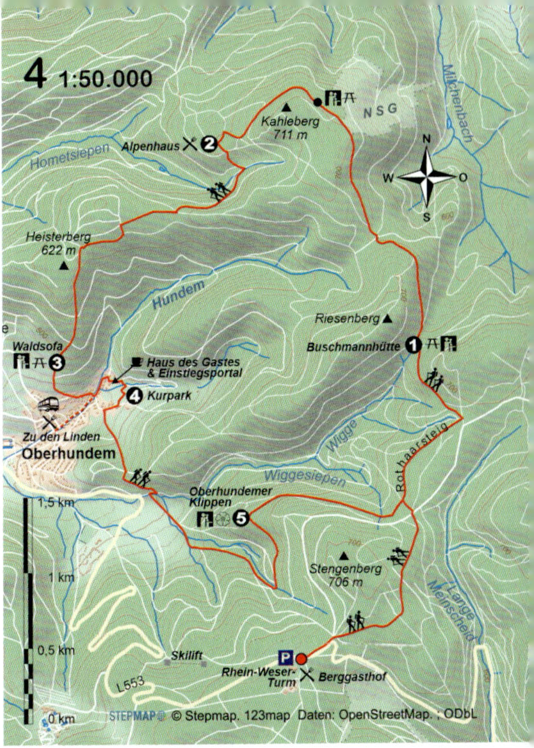

auf einer der beiden ⛼ Rastbänke (km 4,5) tief ein und aus und genießen das schöne Bergpanorama vor Ihnen.

Bald schlängelt sich der Weg durch dicht mit Moos bewachsenem Nadelwald. An einer Wegspinne nehmen Sie den zweiten Abzweig von links und wandern nun zügig bergan, auch an Freiflächen mit wild wucherndem Ginster entlang, die Ihnen erneut gute Aussichten – auch auf das malerisch in die Berghänge eingebettete Milchenbach – ermöglichen.

Sie folgen dem Hauptweg unterhalb des Kahlebergs bis zu einer Wegkreuzung, orientieren sich nach rechts und wandern auch durch jungen Wald zum Parkplatz des Alpenhauses ❷. Hier gehen Sie nach links und kehren entweder im Alpenhaus mit seiner schönen Aussicht ein oder wenden sich gleich links auf den schmalen Eselspfad.

✕ Alpenhaus, Alpenhaus 1, 57399 Kirchhundem, ☏ 01 71/422 38 84, info@alpenhaus.de, www.alpenhaus.de, Do-Mo 11:30-18:00, Di und Mi geschlossen

Durch Jungwald steigen Sie auf dem engen Pfad dicht an den Bäumen entlang hinunter zu einem Waldweg, folgen ihm in der Kurve nach links und verlassen ihn gleich danach, um auf einem zügig ansteigenden Pfad bald in dichten Nadelwald einzutauchen. Der Eselspfad windet sich aufwärts, manchmal senkt er sich sanft ab, dann wieder steigt er sachte an, bis Sie einen Waldweg erreichen, diesen queren und erneut den Hang erklimmen. An der folgenden Wegkreuzung orientieren Sie sich nach links, die nächste Weggabelung verlassen Sie nach rechts, und sobald sich nun der Wald lichtet, öffnen sich Aussichten hinab auf Oberhundem und hinüber zum Rhein-Weser-Turm.

Nach einer Rastbank überqueren Sie einen Waldweg, tauchen in ein Windwurfgebiet mit vielen Ginsterbüschen ein, passieren erneut einen Waldweg geradeaus und stoßen bald auf einen gut platzierten Rastplatz mit verlockendem Waldsofa, das zum Ausruhen und Blicke-schweifen-Lassen einlädt (km 8,4) ❸.

Auf einem wunderbar weichen Wiesenweg nähern Sie sich Oberhundem weiterhin zügig bergab gehend und wenden sich am Ende der Straße Am Heken links in den Grubenweg.

Wenn Sie rechts die Hauptstraße hinabgehen, gelangen Sie zum Gasthof und Pension Zu den Linden, Hauptstraße 15, 57399 Kirchhundem-Oberhundem, 027 23/726 25, info@gasthof-zu-den-linden.de, www.gasthof-zu-den-linden.de, warme Küche Di-Do 18:00-20:30 und Fr-So 12:00-14:00 und 18:00-20:30, Mo geschlossen

Einstiegsportal am „Haus des Gastes"

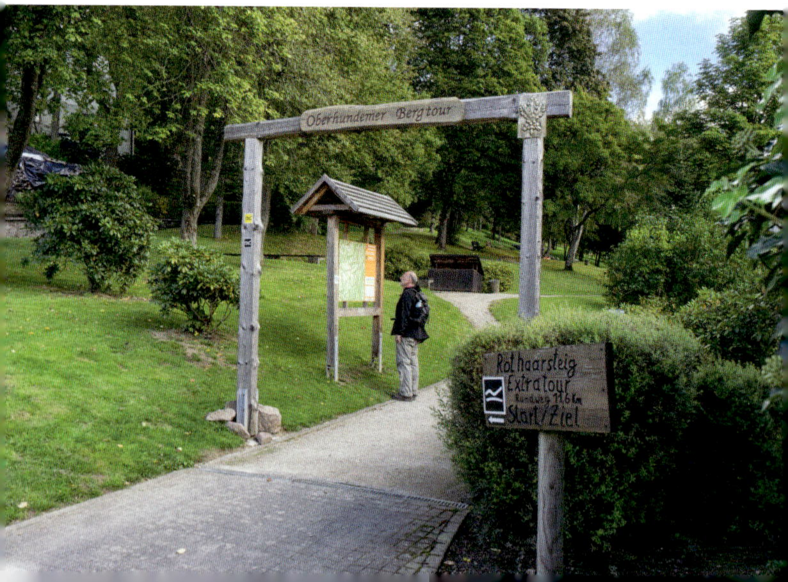

Über den Grubenweg erreichen Sie bald am Bach Hundem entlang das Haus des Gastes und das offizielle Einstiegsportal zur Oberhundemer Bergtour.

Café im Haus des Gastes, Haus des Gastes, Grubenweg 18, 57399 Kirchhundem, www.haus-des-gastes-oberhundem.de, tägl. 14:00-17:00

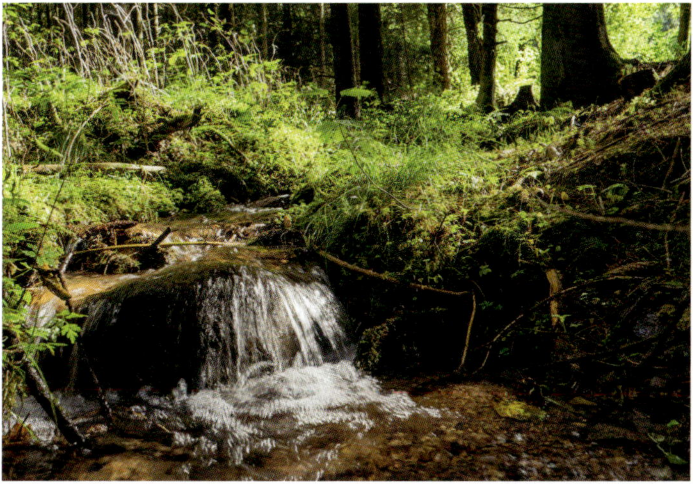

Bächlein beim Aufstieg zu den Oberhundemer Klippen

Sie schreiten durch das Portal und schlendern durch den Kurpark ❹, der Sie an zahlreichen Rastbänken vorbei hinauf in den Schanzenweg bringt. Sie wenden sich nach rechts, nach 100 m nach links und beginnen den Aufstieg zu den Oberhundemer Klippen ❺. Bald wechselt die asphaltierte Strecke in einen Waldweg über, der Sie vorbei an Schafweiden und entlang eines talwärts schießenden Bächleins führt, das in den Wiggesiepen mündet. Ginster, junge Birkenbäume und Brombeerbüsche sprießen links und rechts. Sie gelangen nach rund 1 km stetem Anstieg an einen Abzweig, der Sie links zu den Klippen leitet, die Sie nach 80 m abseits des Waldwegs entdecken. Über einen Pfad nähern Sie sich den Klippen, und obwohl die hohen Nadelbäume viel von der Aussicht nehmen, können Sie doch die Höhenlagen des Sauerlands sehen.

Oberhundemer Klippen (km 11,1)

Nach 1,2 km gelangen Sie nach einem weiteren schönen Ausblick über Oberhundem zum Abzweig, der Sie rechts nun auf dem bekannten Weg zurück zum Rhein-Weser-Turm und zum Ende der Wandertour führt. Nun steht vielleicht eine Einkehr in den Berggasthof und eine Besichtigung des Rhein-Weser-Turms an.

Berggasthof Rhein-Weser-Turm, Rhein-Weser-Turm 2, 57399 Kirchhundem, 027 23/722 42, info@rhein-weser-turm.de, www.rhein-weser-turm.de, tägl. 11:30-20:00

Der Rhein-Weser-Turm

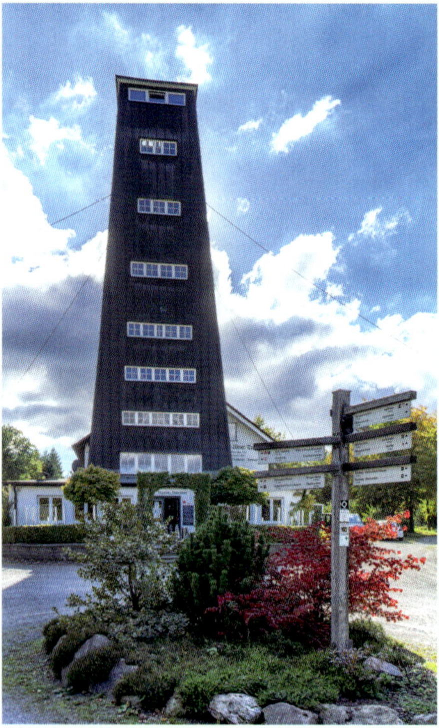

Der Rhein-Weser-Turm wurde im Jahr 1932 auf einer Nebenkuppe des Westerbergs auf 704 m Höhe erbaut. Der sich nach oben verjüngende Holzturm ist rund 24 m hoch und besitzt eine zu allen Seiten mit Glasfenstern bestückte Plattform. Seine Standfestigkeit bewies der Aussichtsturm im Jahrhundertsturm Kyrill 2007, den er unbeschadet überstand. Die Fernblicke reichen über das Rothaargebirge und das Sauerland zu den Saalhauser Bergen, zum Härdler und zum Kindelsberg mit seinem Aussichtsturm oder auch ins Hessische Bergland bei Biedenkopf. 10.000 Besucher jährlich lassen sich die fantastischen Panoramaaussichten nicht entgehen.

5 Schluchtenwunder im Bommecketal

Tour für Familien und Naturfreunde

Tief eingeschnitten wie in einer Klamm fließt die Bommecke zur Lenne. Sie wandern erst durch ruhige Wälder, bevor Sie nach einer Bergkuppe in das Bommecketal hinabsteigen und sich nicht nur an den kleinen Wasserfällen und den Stromschnellen, sondern auch an der außergewöhnlichen Vegetation erfreuen können.

Start/Ziel: Parkplatz am Freizeitbad AquaMagis,
GPS N 51°13.874‘ E 007°51.103‘

4,8 km

1 Std. 30 Min.

159 m/159 m

202-376 m

weißes U auf schwarzem Grund

gut ausgebaute Waldwege

Es gibt keine Einkehrmöglichkeit am Weg.

Keine Rastbänke an den Wegen!

Freibad AquaMagis am Start/Ziel

Die Schlucht ist abenteuerlich und sicher auch für Kinder interessant.

Das kurze Wegstück hinunter ins Bommecketal ist steil, ansonsten sind die Wege gut ausgebaut.

Die Bommecke führt genügend Wasser ins Tal hinunter, das Hunde trinken können. Vom Parkplatz bis zum Wald sind die Straßen asphaltiert oder befestigt.

Der Bahnhof Plettenberg liegt an der Linie RE16 („Ruhr-Sieg-Express“) zwischen Essen und Siegen. Von dort lässt sich die Route zu Fuß gut erreichen.

Parkplatz am Freizeitbad AquaMagis am Start/Ziel

Im Anschluss an die Wanderung lockt der Badespaß im AquaMagis.

Vom Parkplatz am Freizeitbad wandern Sie über die Straßen Böddinghauser Feld und Albert-Schweitzer-Straße bis zum Böddinghauser Weg, überqueren diesen bei der Fußgängerampel und halten sich rechts.

Falls Sie das Freizeitbad nicht besuchen möchten, stehen hier am Straßenrand Parkbuchten zur Verfügung, die unter Umständen frei sind.

Nach 200 m schwenken Sie links in die Straße In der Bommecke und wandern geradeaus weiter mit dem Wegzeichen U in die Straße Im Maisel, während der Weg langsam an Höhe gewinnt und Sie die letzten Häuser von Böddinghausen hinter sich lassen. Dafür gewinnen Sie feine Ausblicke über den kleinen Ort Kersmecke.

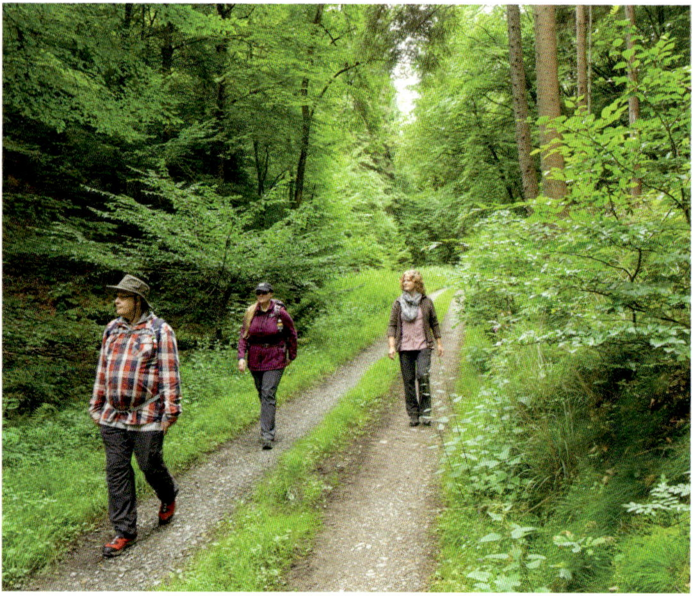

Hinab ins Bommecketal

Sie verlassen den Hauptweg nicht, der sich nach einer Linkskurve in der Hangflanke des Strickhagen spürbar bergauf streckt. Beim Pfad Auf dem Boeley ❶ wechseln sich Ginsterbüsche und Brombeerhecken ab, bis Sie wieder in Nadelwald eintauchen und auf einen Waldweg treffen, bei dem Sie sich rechts halten. Bald erreichen Sie den höchsten Punkt der Wanderung, von dem aus sich der baumgesäumte Weg stramm bergab neigt.

In den Hängen befinden sich alte Bergwerkstollen und Grubenfelder, Zeugnisse der langen Bergbautradition wie die Grube Alater, die oberhalb der Talsohle liegt.

Sie aber überqueren den Bach Bommecke ❷ und wenden sich nach rechts. Der Bach wird Sie nun durch das felsige Tal begleiten, das Sie nach kurzer Wegstrecke erwartet.

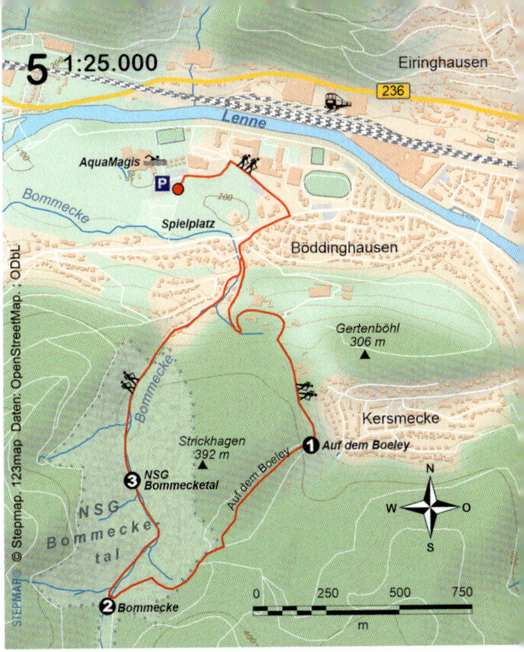

Das 71 ha große Naturschutzgebiet Bommecketal ❸ abseits des Lärms der Stadt ist tief eingeschnitten, mit einer idyllischen Schlucht zwischen den 500 m hohen Bergkuppen. Das Kerbtal ist weitgehend unberührt und urwüchsig und an manchen Stellen eng wie eine Klamm. Der Schluchtwaldcharakter wird durch die steilen, meist bewachsenen Berghänge hervorgerufen. Bommecke heißt wörtlich übersetzt „von Bäumen bestandener Bach", und dies trifft es noch heutzutage sehr gut. Viele kleine Stromschnellen und Wasserfälle, Strudeltöpfe und -rinnen kennzeichnen den munter ins Tal schießenden Bachlauf, dem Sie Schritt für Schritt folgen. Die Bommecke selbst entspringt in 405 m Höhe und fließt nach 3 km bereits in die Lenne.

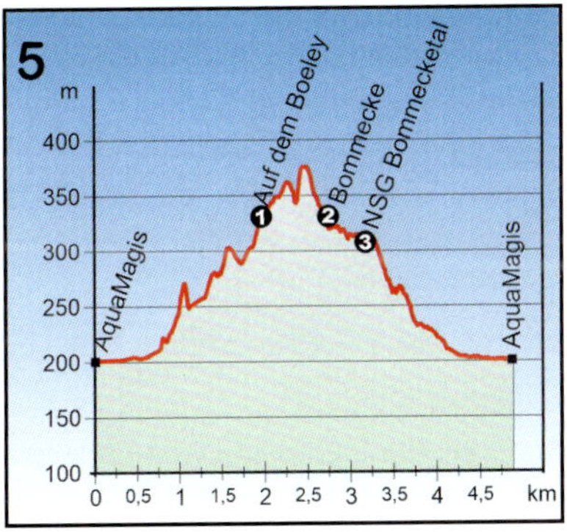

☺ Das Buch „Das Bommecketal in Plettenberg" kann zum Preis von € 17 zzgl. Versandkosten beim Naturschutzzentrum bestellt werden.

♦ 💻 www.naturschutzzentrum-mk.de/veroeffentlichungen.html, 397 Seiten, 21 Tabellen, 42 schwarz-weiße und 45 farbige Abbildungen sowie eine farbige Beilagekarte im Format DIN A3, Paperback

Nach dem Ende des Schluchtentals erreichen Sie die betriebsame Ortschaft auf der Straße In der Bommecke, wandern diese bis zum Böddinghauser Weg hinunter und gehen auf dem schon bekannten Weg zurück zum Parkplatz am Freizeitbad.

Munter sprudelnder Bachlauf

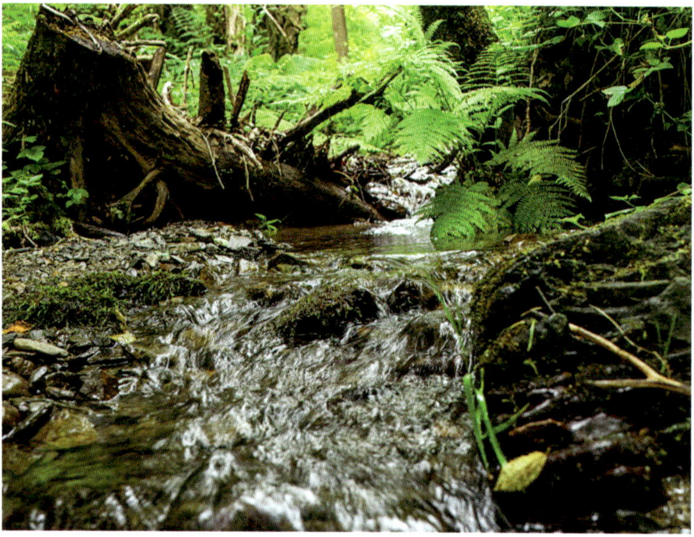

AquaMagis Plettenberg GmbH, Böddinghauser Feld 1, 58840 Plettenberg

Dort finden Sie eine große Rasenfläche, die sich trotz der Nähe zum Parkplatz zu einem Picknick anbietet, und einen Kinderspielplatz.

Märkischer Kreis

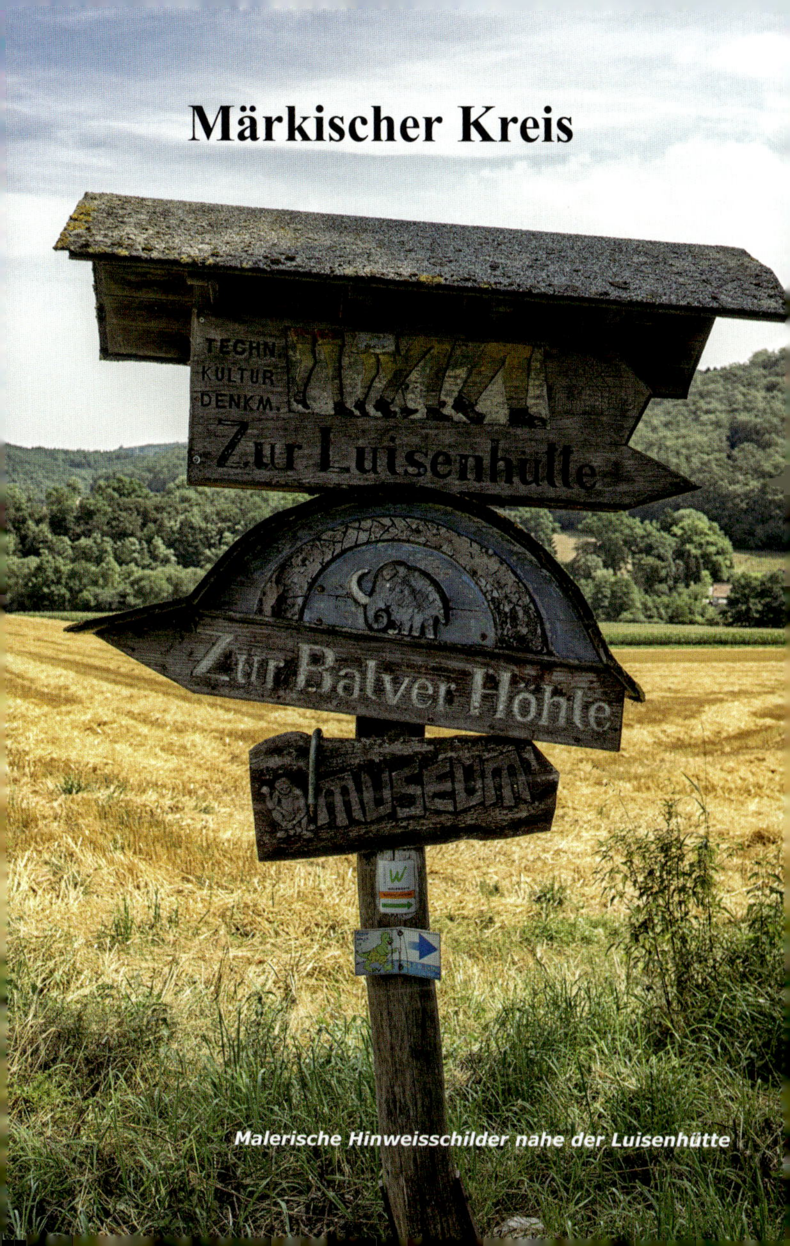

Malerische Hinweisschilder nahe der Luisenhütte

⑥ Rund um die Luisenhütte bei Balve

Tour für Familien mit technikinteressierten Kindern

Diese Rundwanderung ist gespickt mit Höhepunkten wie der Luisenhütte Wocklum mit dem Technikmuseum und dem Museum für Vor- und Frühgeschichte, dem Wasserschloss Wocklum mit der bekannten Reitturnieranlage und der Balver Höhle. Dazu wandern Sie durch das idyllische Orlebachtal, gewinnen Ausblicke auf das preisgekrönte Dorf Mellen und streifen an Wiesen und malerischen Wäldern entlang.

Start/Ziel: an der Luisenhütte, GPS N 51°20.185‘ E 007°52.979‘

8,9 km

2 Std. 30 Min.

153 m/153 m

223-318 m

Rundweg Luisenhütte (grünes W auf weißem Grund)

gut ausgebaute Feld- und Waldwege

Hüttenschänke (km 0), Restaurant zur Höhle (km 7,6)

Rastbank an der Aussichtsplattform (km 2,6), Rastbank am Strommast (km 3,8), SGV-Wanderheim (km 8,2)

Der Abenteuerspielplatz bei der Luisenhütte, der neu hergerichtet ist, und die Museen sind interessant für Kinder. Und vielleicht sehen sie bei der Reitturnieranlage, wie Pferde trainiert werden.

Ein schmaler Pfad im Hang zum Burgberg ist verwurzelt und schwerer zu bewältigen.

Einige Trinkstellen beispielsweise an Bachläufen sind vorhanden. Bei der Reitturnieranlage sind Hunde an der Leine zu führen.

Die Bahnhöfe Balve und Sanssouci liegen an der Bahnstrecke Fröndenberg – Neuenrade, 20-30 Min. Fußweg über den Zuweg Waldroute. Die Bahn fährt regelmäßig.

Wanderparkplatz an der Luisenhütte im Naturpark Homert

Bringen Sie genügend Zeit für die Besichtigung der Luisenhütte und die angeschlossenen Museen mit.

Sie beginnen die Rundwanderung am Parkplatz bei der Luisenhütte auf dem ausgeschilderten Wanderweg „Rund um die Luisenhütte“ (grünes W auf weißem Grund mit „Rundweg Luisenhütte“). Sie wandern entlang des Abenteuerspielplatzes „Museumsspielanlage Kleine Luise“, schwenken vor dem Eingangsbereich zur

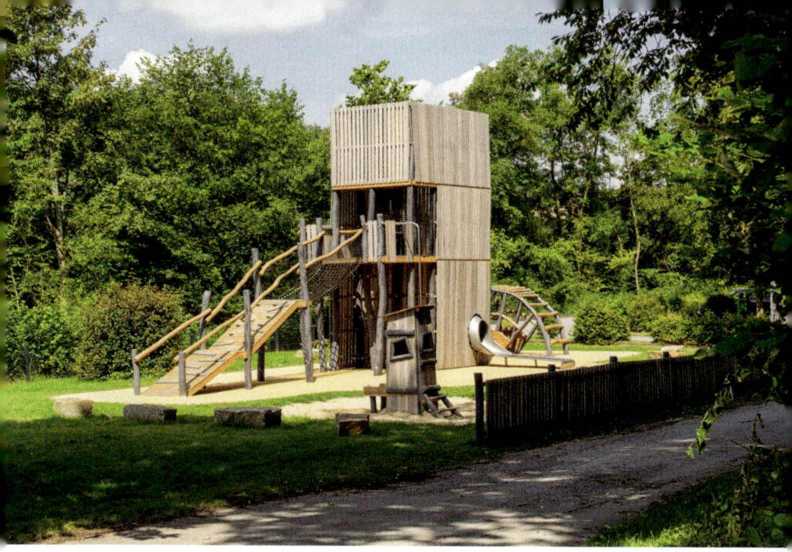

Museumsspielanlage Kleine Luise

„Luisenhütte Wocklum & Museum für Vor- und Frühgeschichte" links den Hang hinauf ❶ und gelangen zu einem Waldweg, dem Sie schnurstracks am Wocklumer Hammer entlang durch den Eichen- und Buchenwald am Fuß des Burgbergs ins sogenannte „Tiefe Tal" des Borkebachs folgen.

Nach rund 200 m wartet rechter Hand ein schön angelegtes Kneipp-Wassertretbecken am Zufluss zur Luisenhütte auf Sie, an dem Sie nicht nur Ihre Füße kühlen können. 800 m weit führt der Weg Sie durch das Borkebachtal, manchmal vorbei an schroffen Felswänden, bis Sie die Talaue erreichen. Hier verlassen Sie sofort den gut ausgebauten Waldweg und tauschen ihn gegen einen herrlich schmalen Pfad ein, der Sie links zügig für 400 m den Burgberg hinaufführt. In der Hangflanke orientieren Sie sich an der Weggabelung rechts und wandern nun gemächlich auf dem Feldweg mit Jungwald und Sträuchern und Büschen, die weite Aussichten über den Ort Mellen erlauben.

Sie halten sich rechts auf den Hauptweg, versuchen Blicke über ein ausgedehntes Maisfeld zu erhaschen und orientieren sich am Ende des Friedhofs links auf einen Weg, der Sie erst in den Wald führt, dann aber nicht nur Weitsichten bietet, sondern auch mit einer 2016 erschaffenen Aussichtsplattform ❷ samt Rastbank begeistert, die sogar am höchsten Punkt der Wandertour steht (km 2,6).

Sie stoßen auf einen quer verlaufenden Feldweg, der Sie nach rechts bis in den Ort Mellen bringt.

Mellen wurde im Jahr 1233 erstmals urkundlich erwähnt, doch die Gründung der bäuerlichen Siedlung reicht viel weiter zurück. Das knapp 600 Einwohner zählende Dorf, das von weitläufigen Wiesen, Wäldern und Äckern umgeben ist, errang mehrere Auszeichnungen beim Wettbewerb „Unser Dorf soll schöner werden". 2006 wurde es mit der Silbermedaille ausgezeichnet.

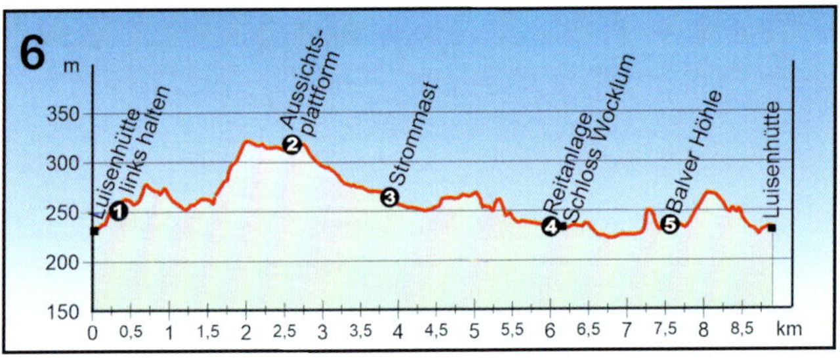

Sie wenden sich links in die Ringstraße und an der Gemeindestraße erneut nach links, wechseln umsichtig die Straßenseite und wenden sich dann rechts auf einen Feldweg, der Sie an einem Bauernhof vorbei bis zu einer ⩩ Rastbank neben einem Strommast ❸ führt.

Sie überqueren den Orlebach und steuern 50 m später einen herrlichen Wiesenpfad links an, der Sie auf samtweichem Boden bis zur Gemeindestraße führt. Nun halten Sie sich für rund 200 m rechts, verlassen die befestigte Straße dann nach links und wandern 1 km weit durch das unter Naturschutz stehende, verträumte Orlebachtal mit seinen vielen Wiesen und sanften Berghängen.

Sie gelangen zur ⌘ Reitturnieranlage mit Reithalle, Stallungen, Reit- und Turnierplatz ❹. Das „Balve Optimum" genannte Reitturnier findet seit 1948 statt und stellt einen internationalen Höhepunkt der jährlichen Reitsaison dar. Im Anschluss passieren Sie die westfälisch-barocke ♜ Schlossanlage Wocklum. Im Jahr 1646 erwarb Freiherr von Landsberg das Schloss, das sich bis heute im Familienbesitz befindet. Als ältestes Gebäudeteil gilt das Torhaus. Durch eine 250 Jahre alte Hainbuchenallee lassen Sie das Schloss hinter sich und gelangen bald zur Wocklumer Allee, der Sie sich für wenige Meter nach rechts anschließen, um dann links auf den Fuß-Rad-Weg einzuschwenken. Am Ortsrand entlang erreichen Sie einen asphaltierten Weg, dem Sie rechts hinauf zur ⌘ Balver Höhle ❺ folgen.

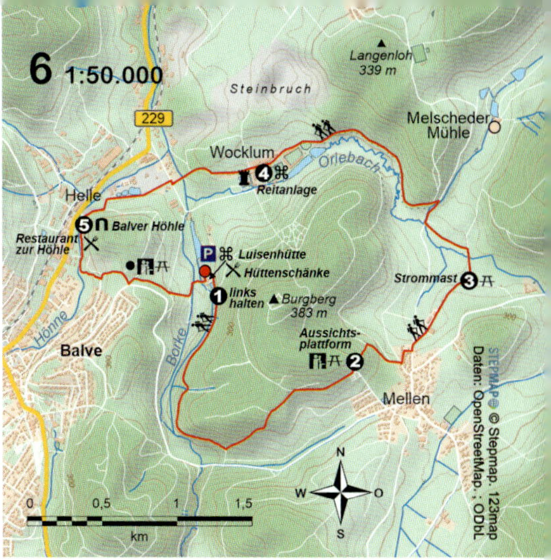

Die Balver Höhle ist eine Karsthöhle, die aus einer großen, tunnelartigen Halle mit zwei abzweigenden Nebenarmen besteht. Sie verfügt über ein 11 m hohes und 18 m breites Eingangsportal. Im Inneren der Höhle wurden prähistorische, früh- und hochmittelalterliche Keramikscherben gefunden. Urkundlich erstmals erwähnt wurde sie jedoch erst im Jahr 1690. Die Höhle diente nicht nur Jägergruppen zur Zeit des Neandertalers, sondern auch Höhlenbären als Unterschlupf. Heute dient die Balver Höhle als Veranstaltungsort für Feiern oder Konzerte. Die größte Kulturhöhle Europas fasst 2.000 Menschen. Die zahlreichen archäologischen Funde wie z. B. Überreste von Mammut oder Höhlenbär und rund 40.000 Artefaktfunde verteilen sich heute über viele Museen. Außerhalb von Veranstaltungen ist die Balver Höhle nach Voranmeldung für Besuchergruppen zugänglich.

Am Restaurant zur Höhle vorbei wählen Sie die rechte Passage nahe der Hönne.

✕ Restaurant zur Höhle, Helle 2, 58802 Balve, ☏ 023 75/937 07 07, ✉ info@zurhoehle.de, 💻 http://zurhöhle.de, 🚪 Mo-Di und Fr-Sa ab 17:30, So ab 11:30, Mi und Do Ruhetag

Sie steigen nach rund 200 m zügig den Hang hinauf. Blicke zurück schweifen über Balve, auf der Anhöhe wenden Sie sich nach links und wandern nun an kleinen Waldstücken und Weiden weiter, bis Sie die nächste Weggabelung erreichen. Hier halten Sie sich rechts. Für eine Rast bietet sich jedoch zur Linken das ㅠ 🚻

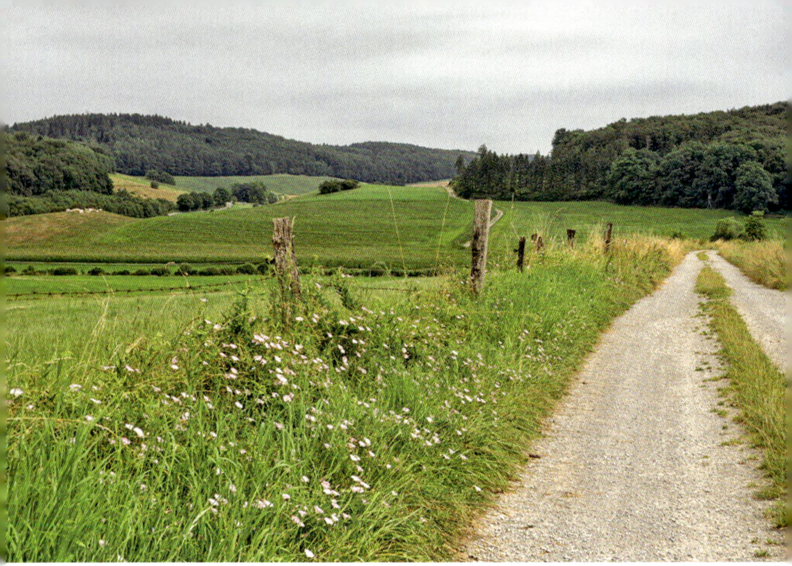

Im Orlebachtal

SGV-Wanderheim Ewald Hagedorn mit schönem Blick ins Borkebachtal an (km 8,2).

Von der Weggabelung gehen Sie bis zur Mellener Straße, halten sich kurz vor dieser aber links und gehen nun, sich an der folgenden Weggabelung mit dem hölzernen Wegschild „Zur Balver Höhle" sofort rechts haltend, mit Blick in die Talniederungen gemächlich bergab.

An goldgelben Maisfeldern entlang treffen Sie fast im Tal auf eine Kreuzung, queren diese geradeaus und gelangen 150 m weiter an einen quer verlaufenden Weg. Ein Abstecher nach rechts bringt Sie nach kurzem Wegstück zum vergitterten Eingang eines ⌘ Stollens. Der andere Weg führt Sie am Borkebach entlang geradewegs auf das Gelände der ⌘ Luisenhütte, auf dem Sie auch den Eintrittspreis für eine mögliche Besichtigung bezahlen. Einkehren können Sie in der Hüttenschänke.

✕ Hüttenschänke im ehemaligen Arbeiterwohnhaus, Wocklum 10, 58802 Balve-Wocklum, 🚪 1. Mai bis 31. Okt, Di-Fr 9:30-17.00, Sa, So und Feiertage 11:00-18:00, Mo geschlossen

Die Wanderrunde endet hier, doch wenn Sie die nötige Zeit mitgebracht haben, stehen nun die Besichtigungen an.

Die im Jahr 1748 errichtete Luisenhütte Wocklum gilt als die älteste vollständig erhaltene und funktionstüchtige Hochofenanlage Deutschlands mit Hüttengebäude, Eisengießerei, Gebläsehaus und Möllerboden, Köhlerhütte und Meilermodell sowie Wasserzuleitungssystem und Stollen. Sie wurde 2003 als Denkmal von nationaler kultureller Bedeutung eingestuft. Ausstellungen in diesem Erlebnismuseum zeigen die Geschichte des Hüttenwesens und geben Einblicke in die Sozialgeschichte der Berg- und Hüttenarbeiter, Köhler und Hammerschmiede.

♦ Luisenhütte Wocklum, Wocklum 10, 58802 Balve-Wocklum, ☏ 023 75/31 34, www.maerkischer-kreis.de/kultur-freizeit/luisenhuette, 1. Mai bis 31. Okt, Di-Fr 9:30-17:00, Sa, So und Feiertage 11:00-18:00, Kombikarte Museum und Luisenhütte: Kinder (6-17 Jahre) € 2, Erwachsene € 4, Familienkarte € 8

Luisenhütte Wocklum

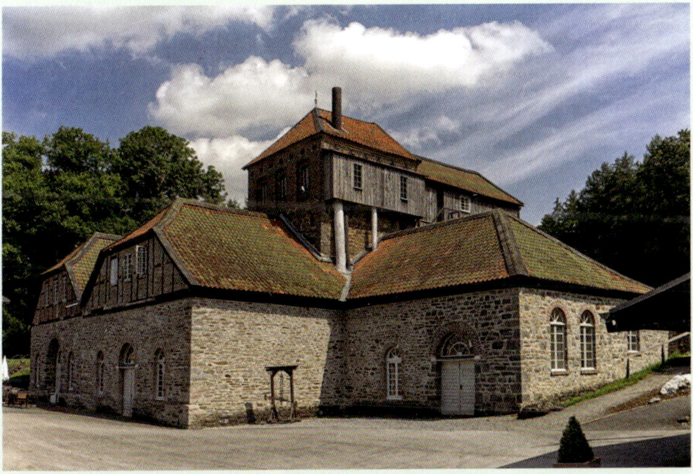

Das Museum für Vor- und Frühgeschichte wurde im ehemaligen Wocklumer Stabhammer der Luisenhütte im Jahr 2006 mit dem Leitthema „Erdschätze – Menschenspuren, 400 Millionen Jahre Balver Geschichte" neu eröffnet.

1. Mai bis 31. Okt, Di-Fr 9:30-17:00, Sa, So und Feiertage 11:00-18:00

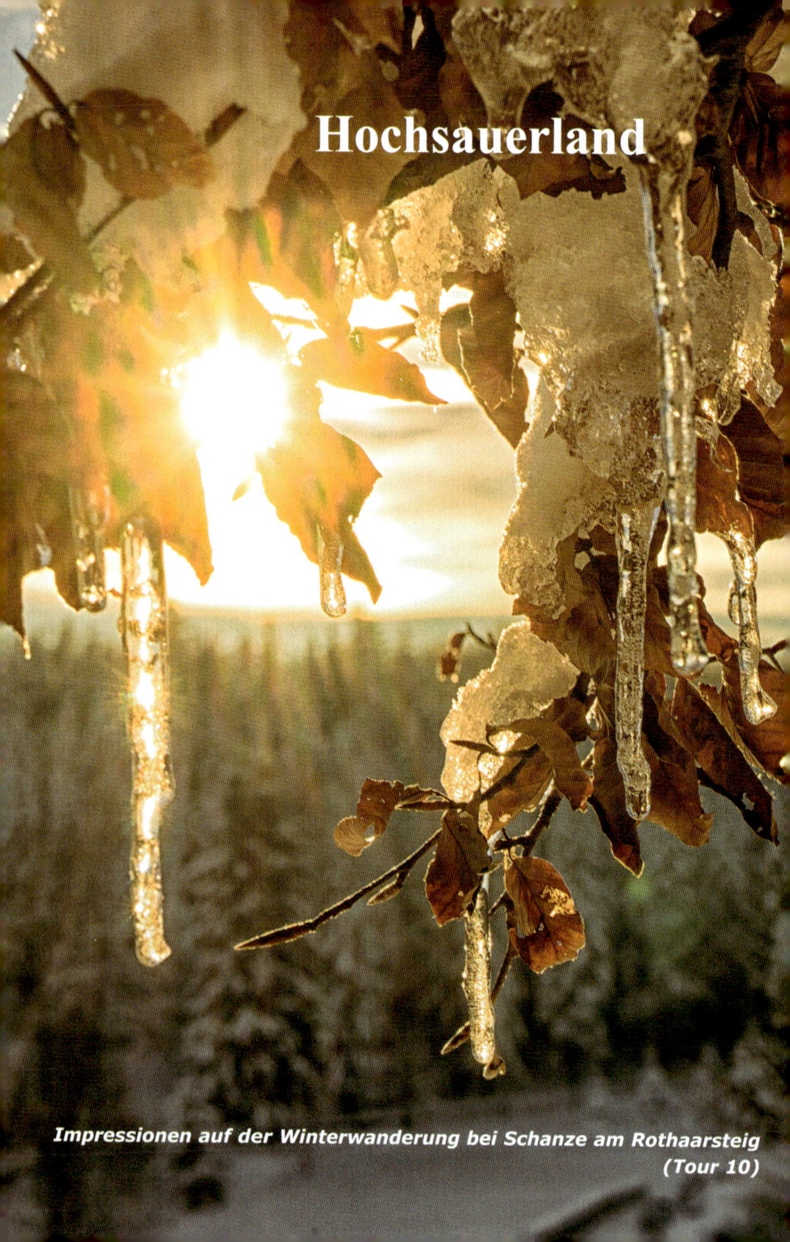
Hochsauerland
Impressionen auf der Winterwanderung bei Schanze am Rothaarsteig
(Tour 10)

7 Ziegen auf dem Fickeltünnesweg bei Allendorf

Tour für Familien mit wanderfesten Kindern und für Tierfreunde

Ruhige Anstiege wechseln sich ab mit beschaulichen Passagen durch dichte Wälder und Ausblicken wie denen vom Kaukenberg und vom Purrhagen. Eine Kapelle liegt am Wegesrand, ein kleiner Bach schafft eine malerische Kulisse. Über sonnenüberflutete Hochflächen laufen Sie bald zurück nach Allendorf. Doch zuvor wird die Wandertour noch durch eine Stippvisite bei den Ziegen an der Steinert abgerundet. Hier müssen Hunde draußen bleiben, aber für Kinder sind die innerhalb des Geheges frei herumlaufenden Tiere sicher eine Attraktion.

Start/Ziel: am kleinen Marktplatz in Allendorf, GPS N 51°17.086‘ E 007°57.056‘

15,6 km

5 Std.

463 m/463 m

305-470 m

Sauerland-Höhenflug (weißes H auf blauem Grund), Waldlehrpfad (grünes Eichenblatt auf weißem Holzschild)

vornehmlich Waldwege und einige grasbewachsene Pfade

Lübke's GRILLWERK (ca. 100 m vom Start/Ziel entfernt)

Rastbänke am Kaukenberg (km 0,8), Rastbänke auf dem Purrhagen (km 2,1), Rastplätze am Spielplatz (km 3,7), Rastplatz am Ehrenmal (km 4,7), Waldsofa an der Kapelle (km 5,7), Rastplatz bei Hüttebrüchen (km 9,6), Rastbänke auf der Steinert (km 14,7)

Die verwunschene Passage im Naturschutzgebiet Krähetal wird Kindern gefallen und die Ziegen werden sie lieben

Die kurze Passage im Naturschutzgebiet Krähetal ist sehr verwurzelt und für Buggys nicht leicht passierbar.

Die Wege durch Allendorf sind natürlich asphaltiert. Es gibt Bäche unterwegs, an denen Hunde trinken können. Das Ziegengehege ist für Hunde verboten.

Westfalenbus R21 von Arnsberg bis zur Haltestelle „Sundern“, von dort weiter mit R21 nach „Allendorf Post“, stündlich

am kleinen Marktplatz in Allendorf

Im Anschluss an die Wanderung empfiehlt sich noch ein Abstecher zur Sorpetalsperre. Dazu fahren Sie die L687 in Richtung Amecke, dann weiter auf der L686 zur Talsperre.

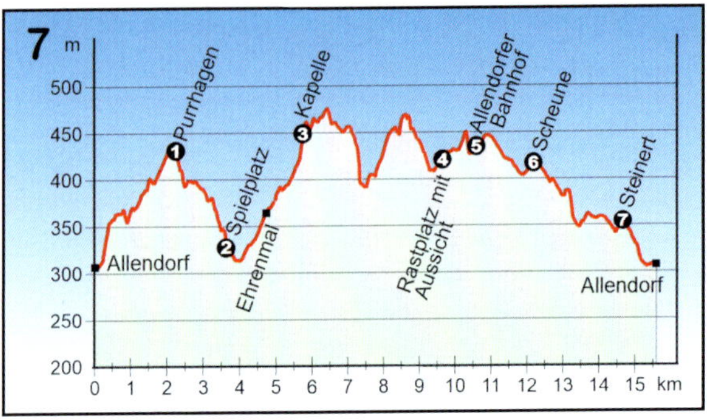

Sie beginnen die Wandertour am kleinen Marktplatz mitten im Ortskern. Von einer Ausnahme abgesehen werden Sie sich am Fickeltünnesweg orientieren, einem Rundweg am Sauerland-Höhenflug. Vom Marktplatz wenden Sie sich in die Marktgasse, treffen auf die Altstadtstraße und halten sich links. An geschichtlich interessanten Gebäuden entdecken Sie kleine Schilder mit Hintergrundinformationen.

Alsbald entdecken Sie die Bronzeskulptur des heiligen Antonius. Als „Fickeltünnes" ist er der Namenspatron des Weges, denn im Sauerland wird er oft mit einem Schwein (plattdeutsch „Fickel") dargestellt.

Sie queren eine Wegkreuzung, folgen der Straße Am Halmer, passieren den Friedhof und steigen gleich darauf auf einem grasbewachsenen Weg in den Hang.

Gesäumt wird der Fickeltünnesweg von 16 Stationen (eine liegt abseits der Wanderroute) zur Geschichte der Titularstadt Allendorf. Eine Titularstadt trägt formell den Namen „Stadt", doch fehlen ihr Elemente einer üblichen Stadt.

Am Friedhof entdecken Sie die erste von mehreren Holzstelen mit Themen wie „Der Kreuzweg" oder „Begräbnisfeierlichkeiten um 1800", später treffen Sie auf Thementafeln wie „Die Hügelgräber um Allendorf" und „Die Hollen im Hohlenstein". Immer sind es kleine und große Geschichten um Menschen und Örtlichkeiten rund um Allendorf.

In der Hangflanke folgen Sie einem weiteren Weg nach links, mit schönen Ausblicken über Allendorf, die Sie von zwei geschickt platzierten Rastbänken genießen können (km 0,8). Zu Füßen des Kaukenbergs wandern Sie durch den Allendorfer Wald, treffen auf einen Waldweg, halten sich hier rechts und erklim-

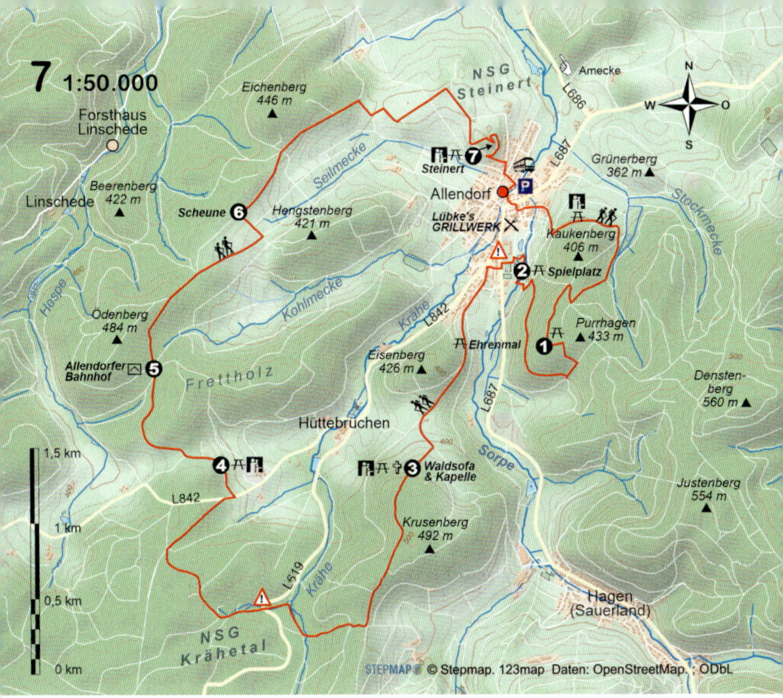

men nun gemächlich die Berghöhe. An einer Wegspinne nehmen Sie den rechten Abzweig, lassen an einem Klangspiel Ihre musikalische Seite erklingen und legen die letzten Meter bis zur ⛺ Schutzhütte zurück. An dieser Stelle trennen Sie sich vorerst vom Fickeltünnesweg und halten sich nun an der Wegkreuzung links auf den Waldlehrpfad (grünes Eichenblatt auf weißem Holzschild).

Durch kniehohe Grasbüschel und begleitet von Ginsterbüschen und Hecken erklimmen Sie die letzten Meter bis auf die Anhöhe beim Purrhagen und erfreuen sich dabei an den Aussichten zum Sorpesee und über die Höhenlagen. Zwei Rastbänke laden zum Verweilen ein (km 2,1) ❶.

Sie steigen auf dem schmalen Wiesenpfad am Purrhagen hinab, an einem quer verlaufenden Waldweg gehen Sie rechts und an einer Hainbuche wiederum rechts leicht den Hang hinauf. Bald genießen Sie die nächsten schönen Aussichten ins Tal.

An einer Kreuzung begegnen Sie wieder dem Fickeltünnesweg, dem Sie von nun an bis zum Ende der Wanderung folgen. Sie wandern wenige Schritte auf

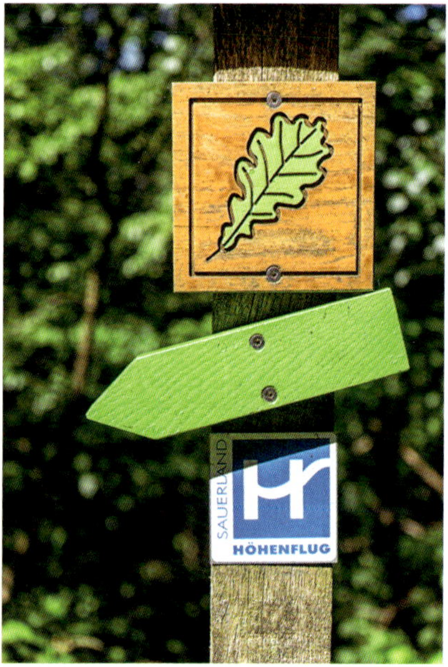

Wegezeichen Waldlehrpfad

schmalem Pfad hinunter zur Mutter-Anna-Kapelle und dürfen einen weiteren Pfad links dann nicht übersehen, der Sie über die Sorpe zum Abenteuerspielplatz Allendorf ❷ mit Fun-Pipe für Skater, Tretbecken, Beachvolleyballplatz und vielen Rastmöglichkeiten (km 3,7) bringt.

Sie umrunden den Spielplatz gegen den Uhrzeigersinn und erreichen an den Tennisplätzen vorbei die Allendorfer Straße, an der Sie sich links halten, umsichtig die gut frequentierte Straße überqueren und dann in die Straße An der Linde gehen, die sie stetig bergauf aus dem Ort hinausleitet.

Am Ehrenmal mit schönem Rastplatz (km 4,7) orientieren Sie sich nach links und nähern sich auf 1 km entlang von kleinen Waldpassagen und ausufernden Wiesen über den asphaltierten Stationsweg „Die sieben Schmerzen Mariens“ dem Krusenberg.

An einer Weggabelung halten Sie sich rechts und gelangen nach 200 m zur 1891 erbauten Kapelle Neue Brünneken mit einem herrlichen Waldsofa (km 5,7), das sofort zum entspannten Liegen verleitet ❸.

Von der Kapelle führt der manchmal grasbewachsene Waldweg abwechselnd durch Laub- und Nadelwald und an aufgeschichteten Steinmännchen vorbei, bis Sie die Gemarkungsgrenze Allendorf – Hagen mit dem markanten Hagener Kreuz erblicken. Sie wenden sich nach rechts, verlieren an Höhe und wandern durch das Naturschutzgebiet Krähetal. Schlendern Sie nach rechts 200 m weit auf befestigtem Weg durch die Talaue und achten Sie bald im Nadelwald auf einen Pfad, der Sie links auf Tuchfühlung zu einem Bächlein auf verwurzeltem Untergrund zur L619 bringt. Sie überqueren die Straße in der Kurve umsichtig und setzen den Weg geradeaus fort. Rechter Hand, etwas abseits der Wanderroute, entdecken Sie übrigens die Holzstele mit der 8. Station des Fickeltünneswegs.

An einer Weggabelung halten Sie sich rechts und gewinnen vorbei am Bergbaugebiet an der Grube Hermann – verborgen unter dem schützenden Dach der hohen Fichten – erst an Höhe, bevor sich der Weg wieder abwärts zur L842 neigt. Knapp 100 m gehen Sie am Straßenrand in Richtung Hüttebrüchen, wechseln dann die Straßenseite und halten sich auf dem Feldweg geradeaus. Die Passage ist gespickt mit feinen Ausblicken über die Wiesen und Felder, sodass der schön gelegene Rastplatz (km 9,6) 4 nicht verwundert.

1 km danach erreichen Sie an der Schutzhütte inmitten einer Kyrillfläche den sogenannten „Allendorfer Bahnhof" 5 am Ödenberg mit den nahebei liegenden Fundstellen prähistorischer Hügelgräber. Am Vogelsberg und am Eichenberg entlang gewinnen Sie weite Aussichten über die Sauerlandhöhen, nehmen vielleicht auf der Opa-Luka-Bank Platz und gehen bei lauem Lüftchen ständig bergab. Bei einem asphaltierten Weg wenden Sie sich nach links, an einer Scheune 6 nach rechts, und genießen den Schatten der ausladenden Eichen und die Aussichten auf Allendorf.

An der Kapelle „Neue Brünneken"

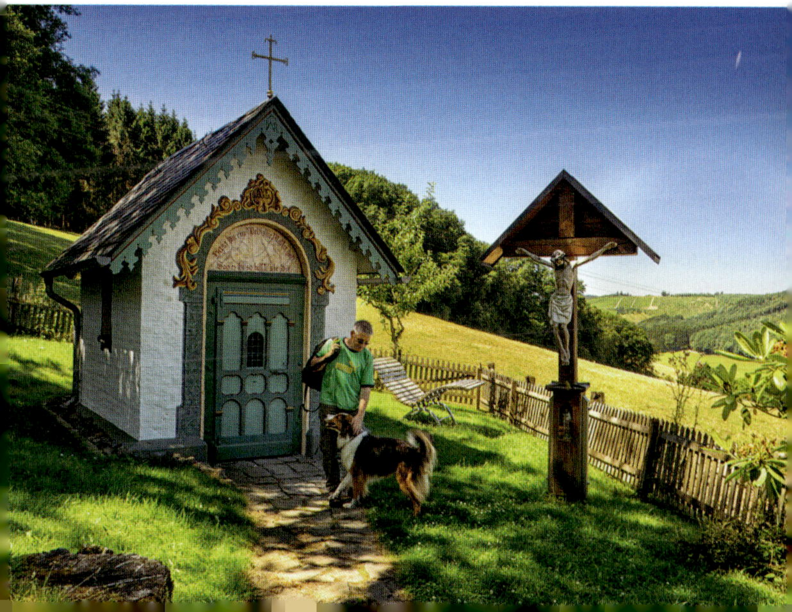

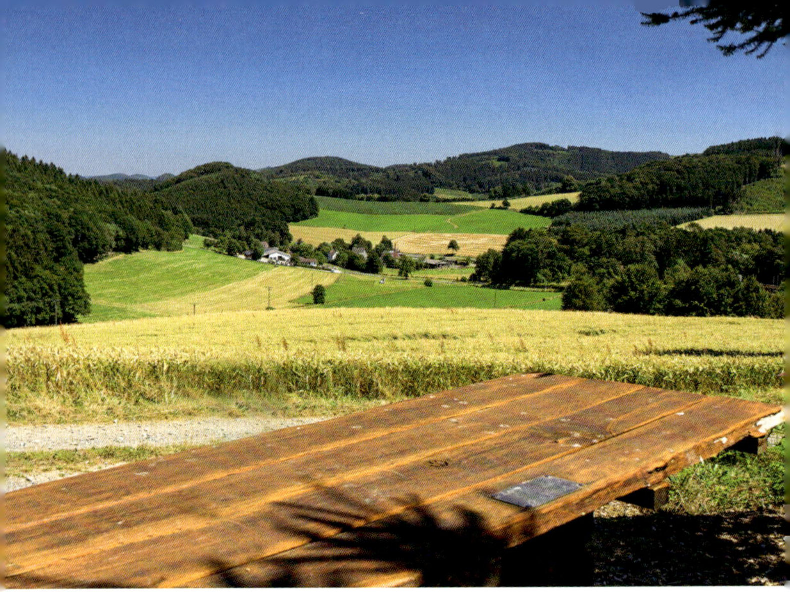

Rastplatz bei Hüttebrüchen

An einer Weggabelung halten Sie sich erst rechts, dann 100 m weiter links auf einen samtweichen Wiesenweg, mit dem Sie vor einem Wäldchen rechts abbiegen, um dann links den Berg hinauf zum Naturschutzgebiet Steinert zu wandern.

Linker Hand wischt in der Ferne ein Zipfel des Sorpesees ins Blickfeld, bevor Sie einer Rechtskurve folgen, umgeben von weitläufigen Wiesen und Hainen. In einer Linkskurve tauschen Sie den asphaltierten Weg mit einem Grasweg, dem Sie nach rechts folgen. Wiesen und Hecken säumen den Weg, der Sie nach einer Linkskehre zügig aufwärts bis zu einem Holzgatter führt. Für Hunde heißt es nun: Wir müssen draußen bleiben.

Sie passieren die Gattertore natürlich nicht, ohne sie sorgsam hinter sich wieder zu schließen. Wenige Schritte führen Sie hinauf zum Allendorfer Gipfelkreuz mit seinem herrlichen Ausblick auf den Ort (Rastbänke auf der Steinert, km 14,7) ❼.

Seit 2014 grasen Walliserschwarzhals- und Kupferhalsziegen auf der Steinert – 70 Jahre, nachdem die letzte Ziegenherde zur Landschaftspflege „auf der Steinert“ gehütet wurde. Die Ziegen bewahren die Steinert vor der Verwaldung und

Verbuschung. Schwarzhalsziegen sind übrigens ein Urgestein des Wallis, fühlen sich auf der Steinert aber sichtlich pudelwohl, wie Sie beim Wandern durch das felsige Areal mit eigenen Augen sehen werden.

Ziegen auf dem Steinert

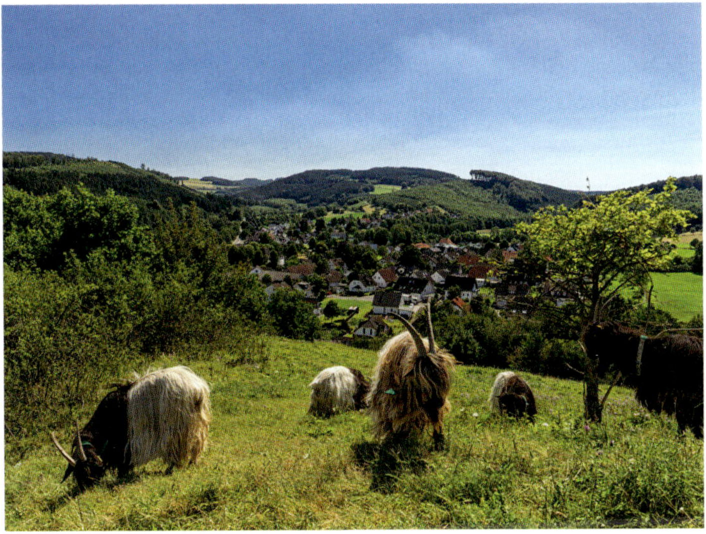

Sie verlassen den Platz wieder durch das Gatter, halten sich dann rechts und laufen um das mit einem Zaun gesicherte Gelände und weitere Gattertore herum zur Straße An der Steinert. Sie gehen nach rechts, dann links in den Seilbeckerweg, und wenden sich vor der Brücke über die Krähe nach rechts, flanieren am Bach entlang, queren über einen Steg die Krähe und gehen zwischen Wohnhäusern bis zur Allendorfer Straße. Auf der anderen Straßenseite erkennen Sie den kleinen Markt, den Sie über die Straße erreichen.

✕ Etwa 100 m vom Start/Ziel entfernt finden Sie eine Einkehrmöglichkeit: Lübke's GRILLWERK, Allendorfer Straße 85, 59846 Sundern-Allendorf, ☏ 023 93/307, ✉ mail@luebkes-grillwerk.de, 💻 www.luebkes-grillwerk.de/, 🚪 Mi-Sa 17:30-21:00, So 11:30-21:00, Mo und Di geschlossen

8 Hinauf zum Großen Sonnenstück bei Altenhellefeld

Tour für Familien und Naturliebhaber mit dem Hang zu Fernsichten

Verwöhnt mit schönen Aussichten wandern Sie entlang von Heideflächen, gewinnen bis zum Großen Sonnenstück an Höhe, drehen eine Runde um den vom Windwurf fast kahlrasierten Gipfel und werden dafür mit wunderbaren Fernsichten in alle Himmelsrichtungen belohnt, bevor Sie durch stillen Wald zurück ins malerische Altenhellefeld mit seinen vielen Fachwerkhäusern wandern.

Wanderparkplatz am Dorfgemeinschaftshaus in Altenhellefeld, GPS N 51°19.017‘ E 008°05.975‘

12 km

3 Std. 30 Min.

271 m/271 m

343-568 m

AH3 (weiße Schrift auf schwarzem Grund)

meist gut ausgebaute Wege

Gut Funkenhof (km 11,6)

Rastplatz Naturschutzgebiet Hermscheid (km 0,8), Rastplatz mit Blick auf Grevenstein (km 5,1)

Der Wanderweg weist keine schwierigen Passagen auf.

Die Wege sind meist breit und gut ausgebaut.

Unterwegs gibt es keine Trinkmöglichkeiten. Davon abgesehen ist der Weg für Vierbeiner gut geeignet. Asphaltierte Wege gibt es natürlich innerorts in Altenhellefeld.

Westfalenbus R21 von Arnsberg bis zur Haltestelle „Sundern“,weiter mit R434 nach Altenhellefeld, Haltestelle „Altenhellefelder Straße“ nahe beim Dorfgemeinschaftshaus

P Wanderparkplatz am Dorfgemeinschaftshaus

Jeden Dienstag um 9:30 führt die Veltins-Brauerei eine Brauereibesichtigung durch (ohne Anmeldung). Wer vor der Wanderung ein kühles Blondes trinken möchte, fährt von Altenhellefeld über die L839 Richtung Grevenstein, die Brauerei befindet sich auf der rechten Seite (An der Streue, 59872 Meschede-Grevenstein).

Sie beginnen Ihre Wanderung auf dem Wanderparkplatz beim Dorfgemeinschaftshaus auf dem Wanderweg AH3 (weiße Schrift auf schwarzem Grund). Von der Visbecker Straße wenden Sie sich in die Altenhellefelder Straße bergauf, bestaunen einige der schönen Fachwerkhäuser und halten sich an der Straße Zur Wacholderheide links. Auf befestigtem Weg lassen Sie die letzten Wohngebäude hinter sich und tauschen diese bei einem Wanderparkplatz mit Ⲁ Rastplatz (km 0,8) ❶ gegen das Naturschutzgebiet Wacholderheide Hermscheid ein, an dem Sie schon bald entlangwandern.

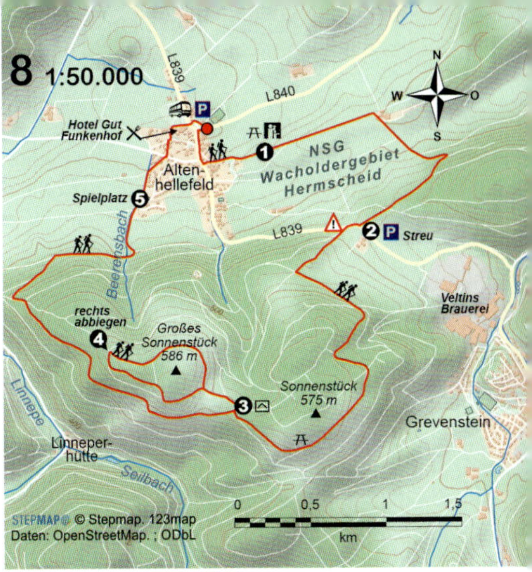

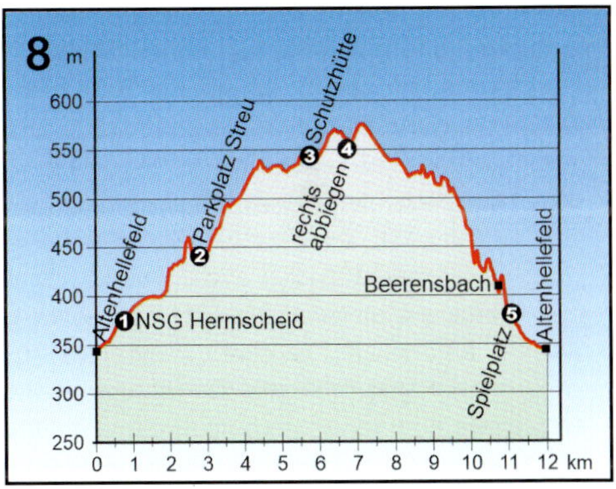

Noch um 1900 gab es einige Heideflächen rund um Altenhellefeld. Die Wacholderheiden entstanden durch den Menschen, der die früher dichten Buchen- und Buchenmischwälder für Brenn-, Bau- und Werkholz und Holzkohle zur Eisenverhüttung abholzte. Durch Aufforstung, Wiederbewaldung oder landwirtschaftliche Nutzung verschwanden viele Heideareale, weshalb diese Wacholderheide eine Besonderheit in der Region um Sundern darstellt. Seit dem Jahr 2000 wird die 5,1 ha große Fläche durch die Beweidung mit Schafen gepflegt. Eine Wiederbewaldung und Verbuschung wird dadurch verhindert, stattdessen wachsen neben Wacholder auch Blutwurz, Harzer Labkraut und Heidelbeere. Im Naturschutzgebiet besteht Wegegebot.

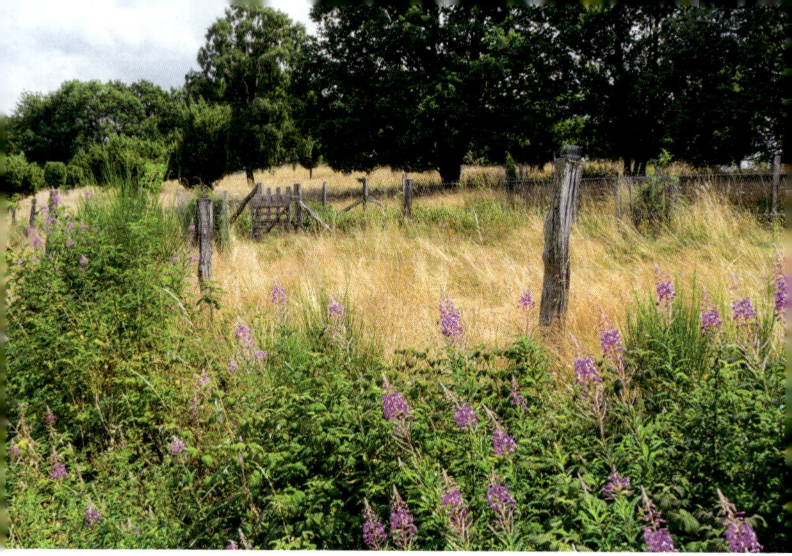

Im Naturschutzgebiet Hermscheid

Linker Hand erstrecken sich Wiesen hinunter in die Talebene, rechts vom asphaltierten Weg aber breitet sich das Wacholdergebiet aus, das Sie nach rund 800 m vor einem Bauernhof hinter sich lassen. Dort auf der Anhöhe biegen Sie nach rechts ab. 300 m weit genießen Sie die Aussichten über das Alte Testament, die erst an der folgenden Weggabelung enden.

Es gibt mehrere Versionen zum „Alten Testament". Eine weist darauf hin, dass „altes Testament" ursprünglich „alter Bund" heißt und Testament aus dem lateinischen „testamentum" abgeleitet wurde. Dies bezieht sich auf das Volk Israel, das aus zwölf Stämmen bestand – genauso wie das Kirchspiel Hellefeld aus 12 Ortschaften besteht, die noch heute das „Alte Testament" bilden und auf eine 1.100-jährige Geschichte zurückblicken. Eine weitere Erklärung schuf Friedrich Wilhelm Grimme 1866 mit der These, dass es hier vor Christi Geburt einen germanischen Kultplatz gegeben habe und auf dieser Kultstätte später womöglich eine christliche Kirche errichtet worden sei. In Hellefeld beispielsweise wurde die romanische Kirche zwischen dem 11. und 12. Jh. erbaut.

Sie gehen geradeaus weiter, tauchen in Laubwald ein, orientieren sich in einer Rechtskurve am Hauptweg AH3 und gewinnen nun stetig an Höhe. Sie erreichen den Wanderparkplatz Streu ❷, der nahe bei der Veltins-Brauerei liegt, treffen auf die L839/Auf der Streu, halten sich am Straßenrand etwa 100 m rechts, wechseln umsichtig die Straßenseite und wandern auf dem nächsten Feldweg weiter, der von links dazukommt. 400 m weit geht es nun geradeaus hinauf, an der Kreuzung dann für weitere 400 m links, mit schönen Aussichten über das Umland. Eine Kreuzung überqueren Sie geradeaus, während sich kleine Waldstücke, Wiesen, Ginsterbüsche und Brombeerhecken abwechseln. Sie folgen einer Linkskurve und überqueren die nächste Kreuzung, an der die Wegmarkierung fehlt, erneut geradeaus. Nun öffnet sich die Sicht über Grevenstein weit ins Sauerland, ein Rastplatz (km 5,1) kommt Ihnen da vermutlich gerade recht.

Blumenfreuden auf dem Wanderweg

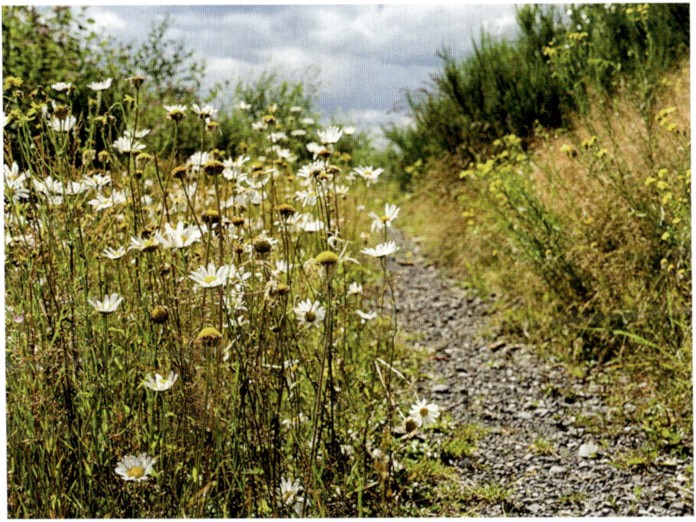

Dort halten Sie sich an einer Weggabelung rechts und legen ausgeruht die folgenden 600 m an der Hangflanke entlang zwischen Brombeerhecken und Ginster, später dann im Schatten spendenden Fichtenwald zurück. Nachdem Sie diesen hinter sich gelassen haben, entdecken Sie bei einer Weggabelung die Schutzhütte Großes Sonnenstück ❸. An der Gabelung halten Sie sich später links. Fügen Sie zuerst aber unbedingt einen Abstecher auf das Große Sonnenstück ein.

Der Hauptgipfel ist 586 m hoch, die Schutzhütte sitzt auf dem Sattel zwischen diesem Gipfel und dem auf der Gemarkung Grevenstein liegenden und mit 575 m Höhe niedrigeren Südostgipfel.

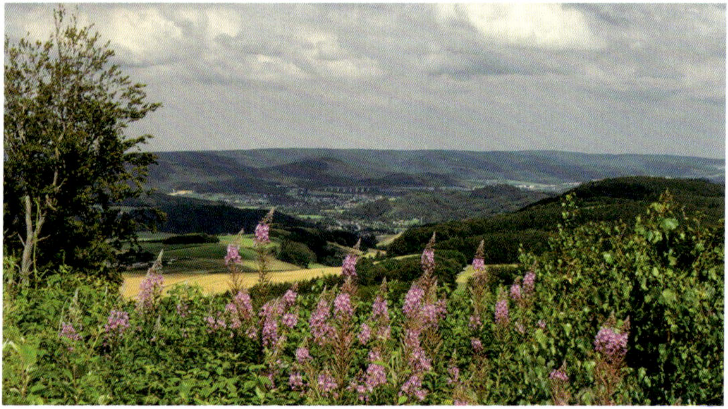

Am Großen Sonnenstück

Für den Abstecher wenden Sie sich hinter der Schutzhütte nach links und wandern auf das Große Sonnenstück zu, wobei Sie sich zweimal kurz hintereinander jeweils links halten. An die zweite Weggabelung werden Sie später von der Umrundung des Berggipfels zurückkehren. Nun gehen Sie im weiten Bogen um die Bergkuppe, achten dabei aber darauf, dass Sie an der ersten Kreuzung nach rund 800 m rechts abbiegen ❹, um so nach weiteren 900 m die kleine Runde zu vollenden. Belohnt werden Sie mit pausenlosen Fernsichten, die Ihnen der im Jahr 2007 wütende Orkan Kyrill durch heftigen Windwurf beschert hat. Nur wenige Bäume behindern die Sicht.

Sie erreichen wieder die Schutzhütte und gehen nun auf AH3 in der Hangflanke weiter. An den schönen Aussichten ins Linnepetal, das sich idyllisch unter Ihnen ausbreitet, erfreuen Sie sich sicher. Wenn Sie in den Wald eintauchen, erhalten Sie natürlichen Sonnenschutz. An der folgenden Wegkreuzung halten Sie sich links, dürfen aber nach gut 70 m einen nicht beschilderten Abzweig nach rechts nicht übersehen, der Sie auf einem zugewucherten Weg nach 200 m zurück auf einen befestigten Waldweg führt. Diesem folgen Sie rechts in Richtung Altenhellefeld, verlassen den Wald und schauen hinab auf den Ort. Sie überqueren den Beerensbach und wandern sofort danach links weiter bergab.

Altenhellefeld wurde erstmals in einer Schenkungsurkunde im Jahr 1236 erwähnt. Das Dorf besitzt auch heute noch vornehmlich landwirtschaftliche Strukturen, hat sich aber auch zu einem Erholungsort gewandelt und wurde fünfmal im Landeswettbewerb „Unser Dorf soll schöner werden" mit der Silberplakette ausgezeichnet. Viele der Fachwerkhäuser sind denkmalgeschützt, viele Höfe aus Bruchstein restauriert. Der Ortsname leitet sich vom lateinischen „alterum" ab und heißt somit nicht etwa „älteres", sondern „anderes Hellefeld". Einst schützte auch eine Landwehr beim Großen Sonnenstück den Ort vor Angreifern.

Über die Straße Beerensbach wandern Sie am Ortsrand weiter, passieren einen Kinderspielplatz ❺ und eine Streuobstwiese und wenden sich rechts in die Straße Zum Dünnefeld, die Sie zur Grevensteiner Straße bringt. Sie überqueren diese und gehen den Dünnefeldweg geradeaus, halten sich am Ende der Straße kurz rechts, sofort wieder links und gehen am Gut Funkenhof vorbei.

Hotel Gut Funkenhof, Altenhellefelder Straße 10, 59846 Sundern-Altenhellefeld, ☏ 029 34/961 76-0, info@gutfunkenhof.de, www.gutfunkenhof.de

Gleich dahinter führt Sie ein Pfad durch eine Parkanlage. Danach überqueren Sie die Altenhellefelder Straße und legen die letzten Meter auf dem Kiesweg durch den Dorfpark zurück.

Hofgebäude in Altenhellefeld

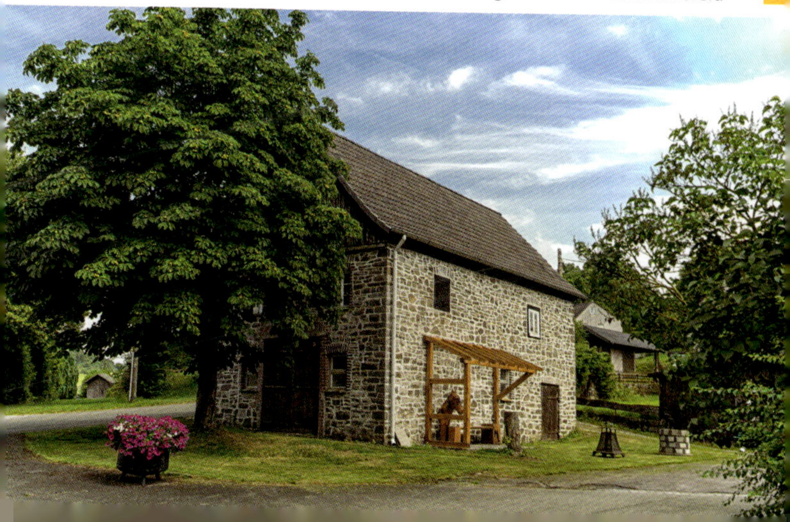

9 Von Latrop hinauf auf den Rothaarkamm

Tour für Naturliebhaber und Rothaarsteig-Schnupperer

An sprudelnden Bächlein entlang gewinnen Sie schnell an Höhe, wandern durch eine Naturwaldzelle und begegnen dem Rothaarsteig, den Sie ein Stück über den Rothaarkamm begleiten, bis Sie sich an der Millionenbank an den Abstieg machen. Wieder wandern Sie mit einem verwunschenen kleinen Bach an Ihrer Seite, stromern entlang des Latropbachs auf die andere Talseite und lassen sich durch Wälder, kleine Täler und an Wiesen und Weiden vorbei mit Ausblicken über das schmucke Dorf Latrop zurücktragen.

Wandertafel am Wanderparkplatz am Ortsende von Latrop, GPS N 51°06.694' E 008°20.082'

13,8 km

4 Std.

437 m/437 m

411-747 m

X23 (weißes Kreuz und Ziffer auf schwarzem Grund), Rothaarsteig (liegendes weißes R auf rotem Grund), Golddorf-Route (goldfarbenes G auf rotem Grund in rundem Wegzeichen), L5 (weiße Schrift auf schwarzem Grund)

gut ausgebaute Waldwege, teilweise schmale Pfade

Gasthof Hubertushöhe (km 13,7), Landgasthof Hanses-Bräutigam (km 13,7), Gasthof Zum Grubental (km 13,7)

Rastplatz am Zinseseck (km 3,5), Rastbank mit Blick ins Latroptal (km 6,5), Rastbänke vor dem Anstieg (km 11,8)

Kinder werden an den vielen kleinen Bächen bestimmt ihre Freude haben. Die Strecke ist zu Anfang aber wegen der langen Steigung sicher anstrengend.

Die Strecken entlang der Bäche von Latrop weg und später wieder zurück nach Latrop sind für Buggys schwer befahrbar.

An den kleinen Bächen bestehen einige Trinkmöglichkeiten. Nur die kurzen Wegstücke in Latrop sind asphaltiert.

Nach Latrop verkehrt die Busline 466 von Fleckenberg aus drei- bis viermal täglich (abhängig von Schul- und Ferienzeiten). Nutzen Sie, um zum Ausgangspunkt der Tour zu gelangen, die Haltestelle „Wendeplatz". Außerdem fährt der Wander- und Sightseeing-Bus von Schmallenberg viermal täglich auch nach Latrop und zurück, die Haltestelle befindet sich ebenfalls am Wendeplatz. Weitere Informationen unter www.schmallenberger-sauerland.de/informieren/schmallenberger-sauerland-card

P Parkmöglichkeiten am Wanderparkplatz am Ortsende, GPS N 51°06.694' E 008°20.082'

☺ Das Waldarbeitermuseum Alte Mühle wurde 2003 eingerichtet und stellt alte Werkzeuge, Bilder aus dem Wald- und Dorfleben, Försterakten und die Entwicklungsgeschichte der Motorsägen dar. Der Eintritt ist frei (9:00-18:00). Sie finden das Museum gegenüber von Haus Nr. 1 der Familie Vonnahme, wenn Sie Latrop über die einzige Zufahrtsstraße wieder verlassen. Gleich daneben finden Sie einige kostenlose Parkplätze.

Das Waldarbeitermuseum

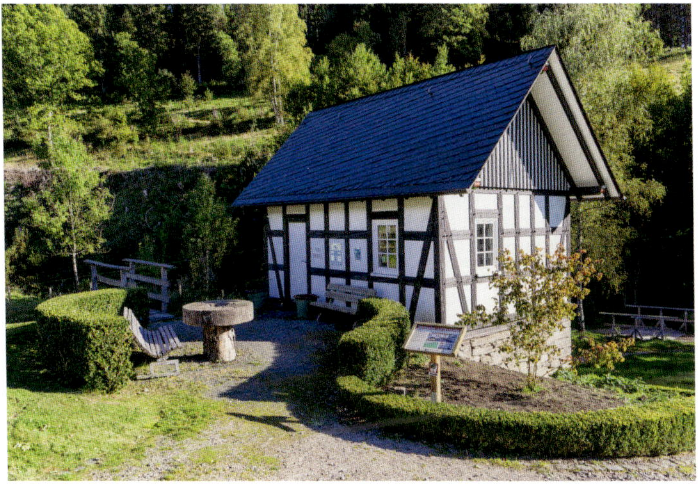

Sie starten in Latrop auf dem Wanderparkplatz am Dorfende. Zuerst folgen Sie dem mit X23 gekennzeichneten „Schieferweg", der von Meschede nach Biedenkopf führt, über ein Brückchen auf dem eng am Klotzlochsiepen entlang verlaufenden Waldweg bergan. Nach rund 500 m verabschieden Sie sich vom Bächlein, wenn Sie vorbei an auf der Weide grasenden schottischen Hochlandrindern weitere Meter hinauf zurücklegen. Der dichte Wald umfängt Sie aber bald wieder, während nun die Lutterbremke, ein lebhaftes Gerinne nahe an Ihrer Seite, ihrem größeren Bruder entgegenrauscht. Am Bockenfördeplatz an einem stillen Teich wartet eine Schutzhütte ❶. Sie folgen der scharfen Linkskurve und halten sich bei der Weggabelung 300 m darauf rechts. Stetig steigen Sie bergauf,

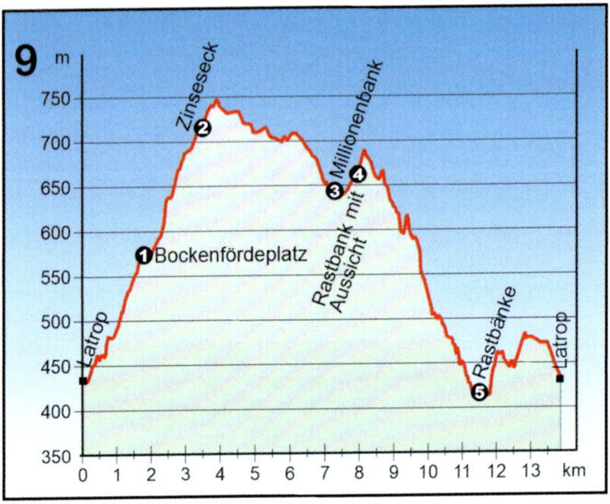

orientieren sich am ersten Abzweig nach 150 m erneut nach rechts und wandern nun auf stellenweise verwurzeltem Weg durch die Naturwaldzelle Latrop rund 800 m aufwärts, um sich dann auf einem Waldweg für wenige Meter nach rechts mitnehmen zu lassen.

Diese Naturwaldzelle umfasst das Kerbtal – den sogenannten Siepen, ein feuchtes, enges Tälchen meist mit kleinem Bach –, das Sie soeben durchwandert haben. Auffällig ist dabei der Hainsimsen-Buchwald, Farne dominieren den Boden am Nordhang. Am Unterhang verändert sich der Waldbestand in einen Eschen-Ahorn-Schatthangwald entlang des Siepens. Daneben sind auch Spitzahorn und Bergulme vorzufinden. Die forstliche Nutzung wurde im Jahr 1986 eingestellt, erkennbar am vielen Totholz und Tieren und Pflanzen, die sich darauf spezialisiert haben. Das Mitnehmen von Brennholz ist ebenso verboten wie das Einsammeln von Pflanzen, Beeren und Pilzen.

Sie erreichen nun nicht nur das Zinseseck ❷, sondern finden sich auch auf dem Rothaarsteig wieder, dem Sie nun rund 4 km weit nach rechts folgen.

Am Zinseseck können Sie bei der ⌂ Schutzhütte auf einer schönen Rastgarnitur mit Bänken und Tisch (km 3,5) einen kühlen Schluck oder ein Heißgetränk zu sich nehmen, bevor Sie auf dem Rothaarkamm weiterwandern.

Beim Großen Kopf am höchsten Punkt der Wandertour sammeln Sie an einer Informationstafel Wissen zum Grenzgebiet Sauerland – Wittgenstein ein, dann

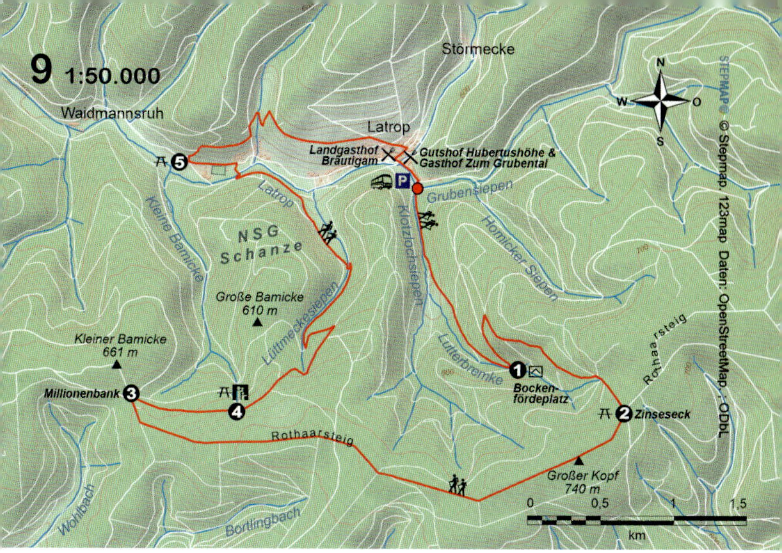

wandern Sie gemächlich über den Grenzweg durch hohe Fichten- und Buchenwälder und entspannen sich vielleicht ab und an auf einer der Rastbänke. Sie beginnen an der ⌂ Schutzhütte bei der Millionenbank ❸ auf der Talvariante des Rothaarsteigs rechts hinter der Rastbank den Abstieg nach Latrop. Drei Geschichten erzählt man sich zur Millionenbank, eine rankt sich um einen Schmugglerpfad an der Grenze bei der Millionenbuche, die später zur Millionenbank wurde.

Ein kurzer, sanfter Anstieg führt Sie zur nächsten ⊼ Rastbank mit schöner Aussicht über das Latroptal hinweg auf die Berge (km 6,5) ❹.

Sie folgen dem gut ausgebauten Waldweg durch die Buchenwälder mit Ahorn und Eichen, halten sich an einer roten Rastbank scharf links und wenden sich 300 m weiter rechts auf einen steinigen Pfad an dem Bächlein Lüttmeckesiepen entlang durch das Schluchttal.

Sie überqueren eine rustikale Holzbrücke über den Siepen, verlassen an dieser Stelle den Rothaarsteig und wandern anschließend auf der Golddorf-Route und dem L5 rechts weiterhin bachabwärts, während das Tal in Wiesen und Weiden mündet.

Der Weg führt Sie nun in Hanglage mit schönen Aussichten ins Tal zu Stationen des Waldarbeiter- und Försterpfads, z. B. einem Kohlenmeiler. An der folgenden Weggabelung wenden Sie sich nach rechts und bleiben nun rund 700 m auf dem Hauptweg, um dann rechts auf einen Pfad hangabwärts abzuschwenken. Eine Brücke bringt Sie sicher über die Latrop, dann halten Sie sich bis zur Straße geradeaus, überqueren diese und wandern links neben der Straße auf einem gesonderten Pfad am Sportplatz vorbei bis zu einer Weggabelung mit Rastbänken vor dem Anstieg (km 11,8) ❺.

Grasgrüne Natur

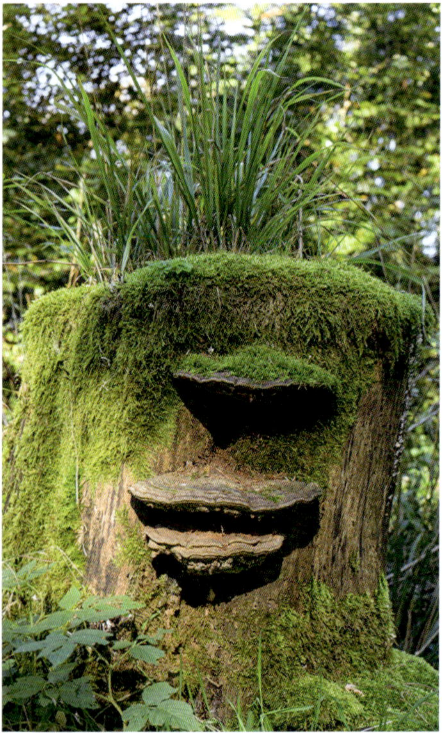

Der Pfad bringt Sie zügig bergan. Sie bleiben an einer Weggabelung rechts, tauchen gleich darauf auf dem Leo-Bittner-Weg aus dem Wald auf und genießen über die Viehweiden hinweg die schönen Weitblicke ins Tal. Auf samtigweichem Wiesengrund wandern Sie weiter, treffen nach 300 m auf einen Feldweg und halten sich rund 50 m den Hang aufwärts, bevor Sie rechts auf einem Pfad zwischen Weiden ein kleines Tal durchlaufen. Sie überqueren den Buttersiepen über eine Holzbrücke und setzen die malerische Passage auf dem sogenannten Grappaweg erst rechts fort, halten sich aber gleich links und steigen wenige Meter bergan auf einen breiteren Weg, dem Sie sich nach rechts anschließen.

Nun folgen Sie bis Latrop dem Panoramaweg, der Sie aus dem Waldstück heraus in die offene Wiesen- und Felderlandschaft mit permanenten Aussichten über Latrop und die Hänge bringt. Auf dem Kiesweg gelangen Sie an eine Wegkreuzung, an der Sie sich rechts in den Ort hinein orientieren.

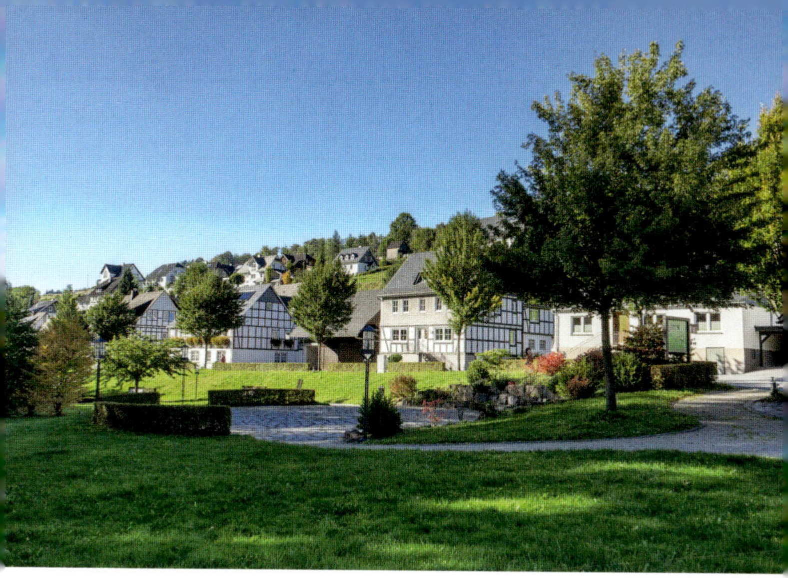

Beim Dorfgarten in Latrop

Latrop wurde im Jahr 2004 als „Bundessieger in Gold" beim Wettbewerb „Unser Dorf soll schöner werden" ausgezeichnet, und das sieht man dem schmucken Dorf mit seinen vielen Fachwerkhäusern an. Vorbei an der ✞ Kapelle gelangen Sie mit einem Rechtsschlenker an einigen Einkehrmöglichkeiten vorbei hinunter zum schön angelegten Dorfgarten, dem Sie einen Besuch abstatten.

✕ Hotel & Gasthof Hubertushöhe, Latrop 11-13, 57392 Schmallenberg-Latrop, ☏ 029 72/971 10, ✉ info@hubertushoehe-latrop.de, 💻 www.hubertushoehe-latrop.de, 🚪 11:30-14:00 und 17:30-20:00

♦ Landgasthof Hanses-Bräutigam, Latrop 27, 57392 Schmallenberg-Latrop, ☏ 029 72/99 00, ✉ info@hotelhanses.de, 💻 www.hotel-hanses.de, 🚪 12:00-13:45 und 18:00-20:45 (im Nov geschlossen)

♦ Gasthof Zum Grubental, Latrop 5, 57392 Schmallenberg-Latrop, ☏ 029 72/97 74 40, ✉ info@grubental.de, 💻 www.grubental.de, 🚪 9:00-22:00, Mo geschlossen

Von dort sind es nur noch wenige Schritte bis zum Dorfende und zum Zielpunkt am Wanderparkplatz.

⑩ Winterwanderung bei Schanze am Rothaarsteig

Tour für Schneebegeisterte und Schneeballfreunde

Lust auf eine Schneeballschlacht beim Wandern? Dann nehmen Sie Ihre Kinder an die Hand und stapfen Sie los über winterweiße Wanderwege, die meist gut gespurt sind, aber mittendrin auch unter schneebehangenen Bäumen auf schmalem Pfad verlaufen. Sie begegnen Kunstwerken wie dem „Krummstab“ auf einem Abschnitt des WaldSkulpturenWeges und schauen über die Sauerlandhöhe und in tiefe Täler.

- Start/Ziel: Parkplatz Ortseingang Schanze, GPS N 51°07.893‘ E 008°22.329‘
- 7,4 km
- 2 Std. 30 Min.
- ↑ ↓ 107 m/107 m
- ⇧ 700-756 m
- keine durchgehende Markierung
- P Waldwege und ein kurzes Wegstück auf einem Pfad
- keine Einkehrmöglichkeit am Weg
- Waldsofas bei Kühhude (km 4,6)
- So macht Wandern Kindern sicher Spaß, durch den himmlischen Schnee stapfen!
- Die Wanderwege sind gespurt, einzig das Stück von Kühhude auf schmalem Pfad kann schwieriger sein. Gehen Sie stattdessen am Abzweig mit dem Waldsofa geradeaus weiter bis zur nächsten Weggabelung, dann rechts mit dem Rothaarsteig bis zur nächsten Weggabelung, dann gemeinsam mit der beschriebenen Route weiter.
- Für Hunde sind die Wege gut geeignet, Trinkmöglichkeiten bestehen unterwegs bei Schnee und Kälte keine.
- keine Anbindung mit öffentlichen Verkehrsmitteln
- P Parkplatz Ortseingang Schanze, Am Stünzel, 57392 Grafschaft/Schanze, GPS N 51°07.893‘ E 008°22.329‘

Hoffentlich dick eingemummelt orientieren Sie sich vom Parkplatz am Ortseingang links in Richtung Schanze, wenden sich nach dem ersten Haus links auf den Rothaarsteig und tauchen sofort ein in den winterweißen Wald. Nach 200 m halten Sie sich an einer Wegkreuzung rechts. Weitere 200 m darauf lichtet sich der Wald und gibt den Blick auf das rechts von Ihnen liegende Windwurfgebiet frei. Gleichzeitig entdecken Sie eine Informationstafel zur „Landwehr".

Wegesperren (sogenannte „Schanzen", die meist aus einem Graben und einem Erdwall bestanden) rechts und links der von Köln nach Kassel verlaufenden Heidenstraße, einer mittelalterlichen Handels- und Heerstraße, gaben dem Ort Schanze seinen Namen. An jedem Durchgang, dem sogenannten „Schlag", befand sich jeweils eine Wachstation mit Schlagbaum. Womöglich wurde hier auch Zoll erhoben, auf jeden Fall aber konnte der Schlag gut gesichert sein. Die Landwehr Schanze konnte für Räuber zur Falle werden, wenn ihnen die zu Hilfe gerufenen wehrhaften Männer aus den Dörfern nachjagten.

Nur wenige Schritte trennen Sie nun vom Kyrillpfad, der sich rechter Hand befindet und dessen Eingang Sie am Ende der Rundwanderung passieren. Jetzt aber wandern Sie mit Aussichten über das Rothaargebirge weiter, tauchen erneut zwischen die schneeschweren Fichten ein und laufen auf dem Hauptweg weiter. Sobald Sie auf eine Weggabelung treffen, halten Sie sich gemeinsam mit der Talvariante

Abenddämmerung bei Schanze

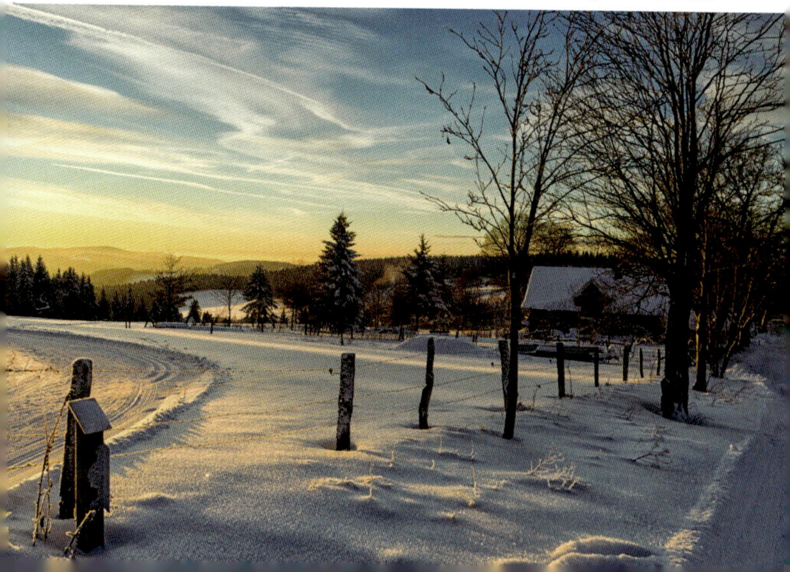

des Rothaarsteigs in Richtung Heidenstock, den Sie nach rund 450 m rechts am Wegesrand entdecken ❶. Der Sage nach soll der Heidenstock eine Opferstätte der Sachsen gewesen sein. Keine Sage aber sind die schönen Ausblicke über die Höhen, die Sie sicher in der schneeweißen Landschaft genießen.

Sie wandern nun den Weg bis zur zuvor genannten Weggabelung zurück, halten sich jetzt aber links in Richtung Kühhude. Zuerst verläuft der Weg ohne großes Auf und Ab durch den Nadelwald, während der Schnee sanft zwischen den Baumlücken zu Boden rieselt, dann aber geht es zügig abwärts. Achten Sie darauf, den Skilangläufern nicht den Weg zu verstellen, und schauen Sie ihnen bei der rasanten Abfahrt hinterher.

An der folgenden Weggabelung werden Sie später nach rechts in Richtung Schanze wandern, doch jetzt halten Sie sich geradeaus und gelangen nach 200 m zur ⌘ Skulptur „Kein leichtes Spiel".

Die Skulptur auf dem Waldskulpturenweg, die im Jahr 2000 von dem 2010 verstorbenen Künstler und Professor für Bildhauerei Ansgar Nierhoff gestaltet wurde, ist knapp 4 m hoch und wiegt 64 t. Sie symbolisiert den jahrhundertealten Konflikt zwischen den Regionen Sauerland und Wittgenstein. Ein großes, zentrales Tor, zwei kleinere und zwei größere Blöcke zeigen, wie alle Teile zueinander passen. Die Stahlskulptur steht nahe bei den alten Grenzen und zeigt die Gemeinsamkeiten auf.

Nur wenige Schritte danach erreichen Sie eine weitere Weggabelung, diesmal verschönert mit einer Raststation mit Bänken und Tisch, die Sie aber vermutlich schneebedeckt vorfinden. Sie orientieren sich auf dem sich leicht abwärts neigenden Weg nach links, bis Sie das Waldareal nach 500 m verlassen.

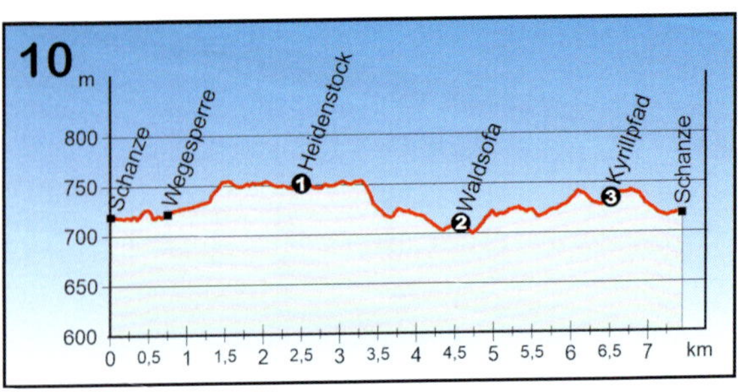

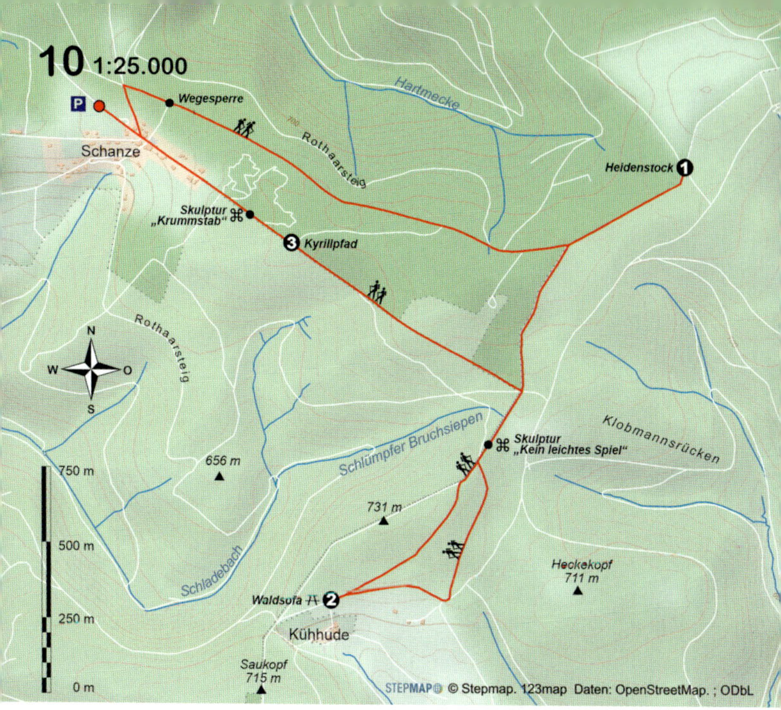

Nachdem Sie die famose Aussicht in die Region Siegen-Wittgenstein genossen haben, nehmen Sie einen abseits der schneebedeckten Straße verlaufenden Weg und lassen dabei die Häuser des kleinen Fleckens Kühhunde links liegen. An der folgenden Weggabelung entdecken Sie, über und über bedeckt mit Schnee, zwei ⛩ Waldsofas (km 4,6) ❷.

An diesen entlang wählen Sie den scharf rechts in den Wald führenden Pfad.

Wunderbar nahe bei den verschneiten Bäumen stapfen Sie durch den tiefen Schnee, schöpfen bei einer kleinen Schonung eiskalte Luft und erreichen nach der traumhaften Passage wieder den gut gewalzten Hauptweg. Sie folgen ihm kurz nach rechts, bis Sie die Weggabelung mit der Raststation wieder erreichen. Bis zur nächsten Weggabelung gehen Sie auf der schon bekannten Strecke vom Hinweg, kurz vor der Skulptur „Kein leichtes Spiel“ aber nehmen Sie an der Wegkreuzung den Abzweig nach links in Richtung Schanze.

Nun wandern Sie gemächlich bis zum Ziel geradeaus. Der weiße Weg folgt noch einer letzten Senke, aus der Sie vielleicht etwas schwerer atmend wieder

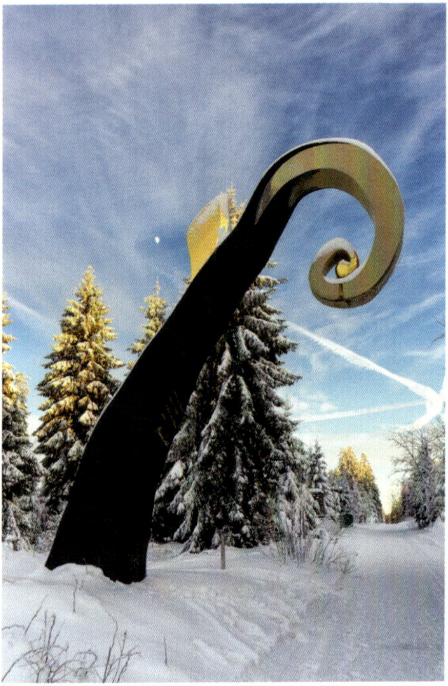

Skulptur „Der Krummstab"

aufsteigen, um dann die zweite ⌘ Skulptur des Waldskulpturenwegs vor Augen zu haben, den „Krummstab".

Heinrich Brummack gestaltete das Werk im Jahr 2005, das Zitat „Eine allzu große Macht stürzt durch ihre eigene Masse" von Martin Luther ziert die 7,50 m hohe Skulptur aus 2.613 kg Aluminium. Der Krummstab stellt in der katholischen Kirche eines der bischöflichen Insignien dar und avancierte im Lauf der Jahrhunderte bis zur Säkularisation 1803 zum Zeichen der kirchlichen Macht.

Der im Jahr 2010 eröffnete „WaldSkulpturenWeg Wittgenstein-Sauerland", wie er offiziell heißt, verläuft über 23 km von Bad Berleburg nach Schmallenberg, überwindet dabei den Rothaarkamm und zeigt an markanten Orten 11 Skulpturen bekannter Künstler. Die Kunstwerke wurden in den Jahren 2000 bis 2010 aufgestellt. Das Wanderzeichen ist ein blaues Tor auf weißem Grund.

Noch einige Schritte stiefeln Sie auf weichem Untergrund, dann erreichen Sie den Zugang zum ⌘ Kyrillpfad ❸. Bei Schnee und winterlicher Witterung ist der Pfad nicht begehbar, sodass Sie heute gemächlich über den weichen Schnee daran vorbeiziehen.

Auf rund 3,5 ha führt der 1 km lange Kyrillpfad über Holzstiege, Trittleitern und kleine Brücken an beeindruckenden Wurzeltellern zu verschiedenen Aus-

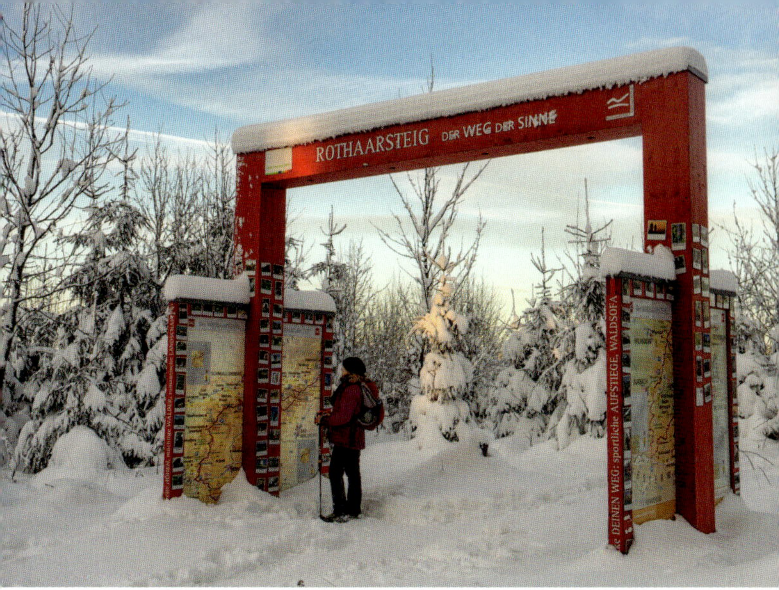

Tor zum Kyrillpfad

sichtsplattformen. Zusätzlich wurde ein 250 m langer barrierefreier Abschnitt für Rollstuhlfahrer und Familien mit kleinen Kindern installiert. Nachdem der Orkan Kyrill im Jahr 2007 gewütet hatte, wurde diese Sturmholzfläche absichtlich nicht geräumt. Seitdem hat sich die Natur mit Himbeersträuchern oder Ebereschen ihren Platz neu erobert, einige Ahornbäume, Buchen und auch Fichten strecken sich wieder nach oben. Wahrzeichen des Pfads ist der „Schiffsbug" auf einem zersplitterten Baum.

Die letzten Meter führen Sie nun durch den Ort Schanze schnurstracks zum Zielpunkt am Wanderparkplatz, wo Sie die winterweiße Wanderung abschließen.

⑪ Von Hexenplatz und Galgenstätte bei Oberkirchen

Tour für Familien und Geschichtsinteressierte

Von Oberkirchen wandern Sie durch das Hartmecketal am kleinen See vorbei und durch die Lüttmecke, bestaunen mit leichtem Schaudern den Hexenplatz, eine Station des Waldskulpturenwegs, schöpfen Kraft in den malerischen Wäldern und gewinnen Ausblicke nahe bei Almert, suchen eine Galgenstätte und einen Gerichtsplatz auf und schlendern entlang der Lenne die letzten Meter zurück.

Start/Ziel: Wanderportal beim Wanderparkplatz in Oberkirchen, GPS N 51°09.537‘ E 008°22.343‘

6 km

2 Std.

201 m/201 m

426-595 m

O1, X2, A6, O4 (jeweils schwarze Schrift auf weißem Grund)

viele Waldwege, einige grasbewachsene Pfade und Wege

Gasthof Vogtei (km 0), Landhotel Gasthof Schütte (km 0), weitere Einkehrmöglichkeiten im Ort

Rastbank und Waldsofa am See (km 1), Waldsofa mit Blick auf Almert (km 3,2), Waldsofa mit Blick auf Winkhausen (km 4,1), Rastplatz bei der Gerichtsstätte (km 5)

Der Hexenplatz interessiert sicher auch Kinder, die Weglänge meistern sie bestimmt gut.

Einige schmale und teilweise steile Wiesenpfade erschweren das Vorankommen.

Am See und beim Hexenplatz bestehen Trinkmöglichkeiten. In Oberkirchen herrschen asphaltierte Wege und Straßen vor.

Buslinie S40 von Schmallenberg oder Winterberg über Oberkirchen, Haltestelle „Kirche“ in der Nähe vom Wanderportal, wochentags und samstags stündlich, sonntags und an Feiertagen fünfmal

P Wanderparkplatz Alte Poststraße an der B236, GPS N 51°09.537‘ E 008°22.343‘

Sie beginnen die Tour am Wanderparkplatz mit dem Wanderportal an der Alten Poststraße in der Nähe des zurzeit geschlossenen Gasthofs Vogtei.

Sie überqueren die Straße und gehen weiter mit O1 und X2 entlang der Straße Zur Lüttmecke am Gasthof Schütte vorbei.

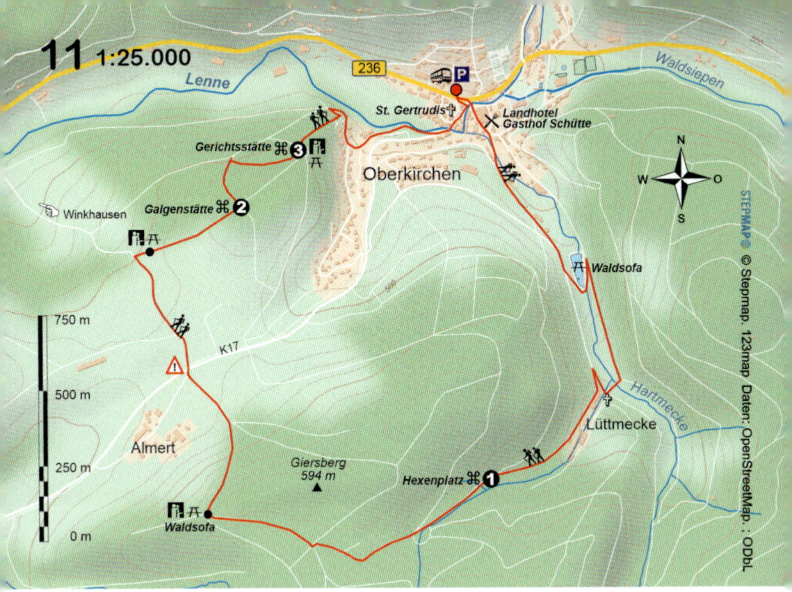

✕ Landhotel Gasthof Schütte, Eggeweg 2, 57392 Schmallenberg-Oberkirchen, ☎ 029 75/820, info@gasthof-schuette.de, www.hotel-schuette.de, 12:00-13:30 und 18:30-21:00, nachmittags Kuchenbuffet und Vesperkarte

An einem Bauerngehöft lassen Sie die letzten Häuser hinter sich, und vielleicht schauen ein Esel oder die Ziegen vom Wiesenhang aus zu, wie Sie die weiteren Meter auf schmalem Pfad links hinab zu einem See zurücklegen. Dieses Wegstück bringt Sie abseits von O1 und X2 über einige Trittsteine am Rande des Wassers auf die andere Uferseite (Wanderer mit Buggy oder mit sehr kurzen Beinen laufen einfach um den See herum), an der Sie auf einer überlangen Rastbank

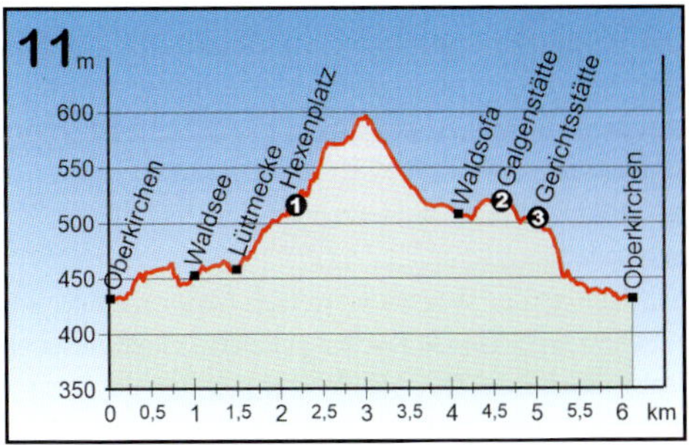

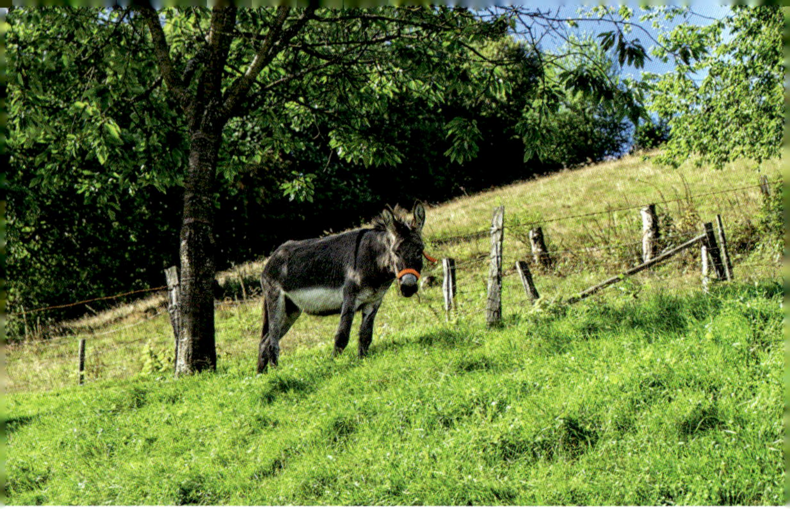

Ein Esel, der nicht wandern will

oder einem gemütlichen Waldsofa eine Pause einlegen und den Enten auf dem See zuschauen können (km 1).

Danach wandern Sie auf dieser Talseite mit der Hartmecke bachaufwärts, erreichen eine Weggabelung und entdecken unterhalb eines schroffen Felsens eine weitere, rustikale Holzbank. Sie überqueren nun die Hartmecke und stehen geradewegs vor einer Kapelle in der Lüttmecke. An dieser orientieren Sie sich nach rechts und wandern nach 80 m jetzt wieder gemeinsam mit O1 und X2 links den Berg auf Schotterweg durch den Mischwald hinauf.

An einer Kreuzung entdecken Sie auf dem „Verhörplatz" im Halbkreis aufgestellte Holzstelen, auf denen sich Auszüge aus dem „Malleus maleficarum", dem „Hexenhammer" aus dem 15. Jh. finden. Der Hexenhammer war eine Abhandlung über Hexen, in seinem dritten Teil werden die Regeln für Hexenprozesse dargelegt. Er war sicher eine der Grundlagen der Hexenverfolgung im späten Mittelalter.

Der eigentliche ⌘ Hexenplatz (km 2,5) ❶, der zum von Bad Berleburg nach Schmallenberg verlaufenden Waldskulpturenweg (☞ Tour 10) gehört, erwartet Sie dann an der Wegspinne wenige Meter darauf.

Die Künstlerin Lili Fischer platzierte einen riesengroßen Hexenkessel auf dem Platz, übergroße Ofengabeln kreuzen sich zu Toren in der Luft, aufgeschlagene Zauberbücher gruppieren sich um einen eisernen Kessel. Ein Bächlein entspringt mitten im Dickicht und schmale Pfade führen hinein in das versunkene Dorf, von dem nur noch die Schornsteine sich ans düstere Tageslicht wagen.

Weiter wandern Sie nun auf X2 und A6 am Hang des Giersbergs hinauf, queren eine Kreuzung geradeaus, ziehen zwischen den Nadelbäumen entlang und halten sich an einer weiteren Kreuzung bei einem ⩩ Waldsofa (km 3,2) rechts.

Hexenkessel am Hexenplatz

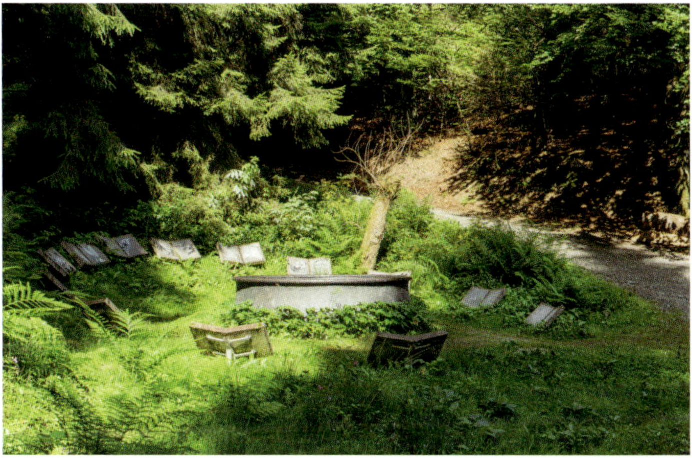

Vom gemütlichen Holzsitzplatz schauen Sie über den Ort Almert und hinüber zum Wilzenberg und betrachten eine weitere Skulptur des Waldskulpturenwegs aus der Ferne, nämlich „Blinker II“, ein Lichtspieltheater aus Edelstahlspiegeln, das bei Sonnenlicht glänzt und glitzert.

Sie folgen nun dem asphaltierten Weg abwärts, gelangen zum Wanderparkplatz Almert, überqueren umsichtig die K17 und setzen den Weg auf der anderen Seite geradeaus fort auf O4, während Sie A6 verlässt. 400 m nach der Kreisstraße wechseln Sie rechts auf einen herrlich weichen Wiesenpfad, der Sie sanft an einem ⩩ Waldsofa mit Blick auf Winkhausen (km 4,1) den Hang hinaufführt.

An der ⌘ Galgenstätte ❷ erfahren Sie, dass hier die Urteile von der Richtstätte, die Sie später noch aufsuchen werden, gefällt wurden. Die letzte Hinrichtung erfolgte zum Glück bereits im Jahr 1770. Vielleicht mit leichtem Schaudern wenden Sie sich links auf den Weg, der Sie nach knapp 200 m zur Kreuzwegstation bringt. Hier orientieren Sie sich rechts auf den nächsten Wiesenweg, der weitere

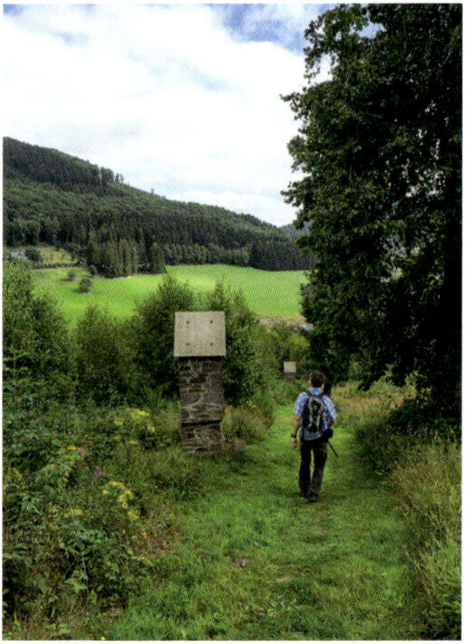

Abstieg auf dem Kreuzweg

Stationen des Kreuzwegs streift, und erreichen die „Pütte" im Langen Hagen, die ⌘ Gerichtsstätte des Gerichtes Oberkirchen ❸. Unter „Pütte" wird der alte Brunnen verstanden, den Sie an derselben Stelle vorfinden. Belohnt mit schönen Aussichten auf Oberkirchen und die Berge ringsum und sogar den Hohen Knochen, der zwischen den Erhebungen hervorlugt, können Sie auf einer der Rastbänke oder dem Waldsofa die Ruhe genießen (km 5).

Der Kreuzweg führt Sie nun abschüssig nach Oberkirchen zurück. Die Kapelle Zum blutschwitzenden Heiland schließt ihn ab. Sie folgen O4 weiter auf der Straße In der Riemeske, halten sich dann auf einem schmalen Pfad nahe beim Ufer der Lenne und schließen Ihre Wandertour mit wenigen Schritten über die Galgenstraße ab.

Linker Hand können Sie noch die ✞ Kirche St. Gertrudis besuchen, die in ihrer heutigen Gestalt im 17. Jh. errichtet wurde, deren Entstehung jedoch bis ins 11. Jh. zurückreicht. Das Taufbecken stammt aus dem Jahr 1632, zwei Beichtstühle wurden 1763 im Rokokostil gefertigt und stehen links und rechts vom Hauptaltar. Kanzel und Hauptaltar kommen aus der Werkstatt der Brüder Sasse in Attendorn und stammen aus dem Jahr 1673. Die Orgel wurde zwischen 1736 und 1739 geschaffen und findet sich auf der Empore aus dem Jahr 1705.

Danach erreichen Sie die Alte Poststraße und den Zielpunkt mit dem Wanderportal.

⓬ Höhenluft schnuppern auf dem Kahler-Asten-Steig

Tour für Familien mit wandererfahrenen Kindern

Am Schwarzen Siepen entlang ersteigen Sie auf verschlungenen Pfaden den Hintersten Hohen Knochen und nehmen die letzten Meter hinauf zum Kahlen Asten. Inmitten der Heidelandschaft genießen Sie die Fernsichten. Steigern können Sie das noch, wenn Sie auf den Astenturm klettern. Von hier oben geht es hinunter zum Vordersten Hohen Knochen mit einer weiteren famosen Aussicht, und entlang von Wiesen und durch fichtengrüne Wälder wandern Sie bergab nach Westfeld.

Start/Ziel: im Dorfpark beim Wanderportal nahe Westfeld, GPS N 51°09.501' E 008°25.665'

15,9 km

5 Std.

500 m/500 m

305-841 m

Golddorf-Route (goldenes G auf rotem Grund) und Rothaarsteig-Spur (liegendes weißes R auf schwarzem Grund)

Wechselspiel zwischen gut ausgebauten Waldwegen und schmalen Pfaden

Gasthof Braun (km 2), Hotel und Restaurant Astenturm (km 7,7)

SGV-Grillplatz (km 0,8), Rastbank bei den Jagdhütten (km 5,1), Rastbänke auf dem Kahlen Asten (km 7,7), Waldsofas bei der Lennequelle (km 8), Waldsofa auf dem Vordersten Hohen Knochen (km 11,6), Rastplatz am Parkplatz Hoher Knochen (km 13,6), Rastbank am Hömberg (km 14,8)

Eine anstrengende Tour für Kinder, aber die Ausblicke vom Astenturm entlohnen für die Mühsal.

Aufgrund der schmalen Pfade und der langen Wegstrecke ist der Weg nicht für Buggys geeignet.

Unterwegs warten kleine Bäche und die Lennequelle bis zum Astensteig, auf dem Rückweg von dort keine Trinkmöglichkeiten.

Westfeld erreichen Sie von Schmallenberg mit der Buslinie S40, Haltestelle „Sportplatz", Mo bis Sa stündlich, So vormittags zwei Fahrten. Von hier sind es 3 Min. zu Fuß bis zum Einstiegspunkt im Dorfpark.

Parkplätze bei der Rothaar-Arena, GPS N 51°09.413' E 008°25.895'

Unbedingt auf den Astenturm mit seiner grandiosen Panoramasicht steigen!

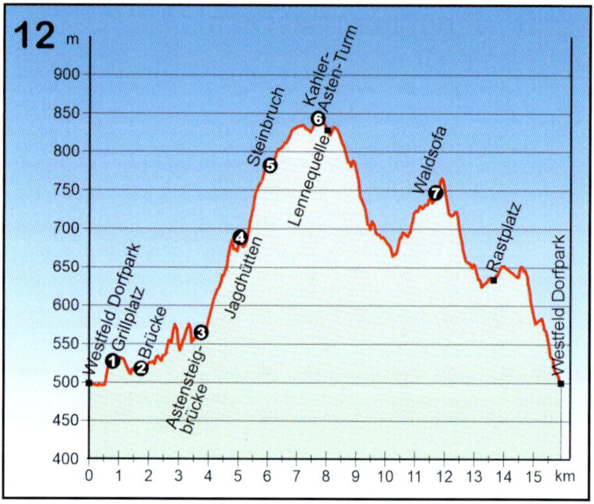

Vom Parkplatz an der Rothaar-Arena bei der Skihütte in Westfeld gehen Sie die Winterberger Straße talwärts, spazieren dann auf dem ausgeschilderten Weg durch den Dorfpark und gelangen am Teich vorbei zum Wanderportal Westfeld, dem offiziellen Einstiegspunkt. Dann überqueren Sie die L640 und wandern auf wurzeligem Weg bergan durch ein Waldstück, halten sich rechts und erreichen nach 200 m den reichlich mit Tischen und Bänken ausgestatteten ⩩ Grillplatz des SGV Westfeld (km 0,8) ❶.

Direkt dahinter wenden Sie sich scharf nach rechts und wandern bald in Hanglage mit Blick auf Westfeld zwischen Wiesen und Weiden erneut bis zur L640.

Wederichvelden fand erstmals im Jahr 1072 in der Stiftungsurkunde des Klosters Grafschaft Erwähnung, 1358 wurde in einem Verkaufsbrief der Name Wersfeld genannt. Westfeld liegt an der Heidenstraße, der Handelsstraße von Köln nach Leipzig. Ihr Name stammt womöglich davon ab, dass das Sauerland im Mittelalter von Köln aus entlang dieser Straße missioniert wurde. In den Jahren 1595 bis 1685 grassierten in Westfeld die Hexenprozesse, bei denen 1630 sieben Menschen hingerichtet wurden. Im Jahr 1856 brannte das Unterdorf fast vollständig ab. 1975 wurde das Handwerkerdorf Westfeld als Bundesgolddorf prämiert.

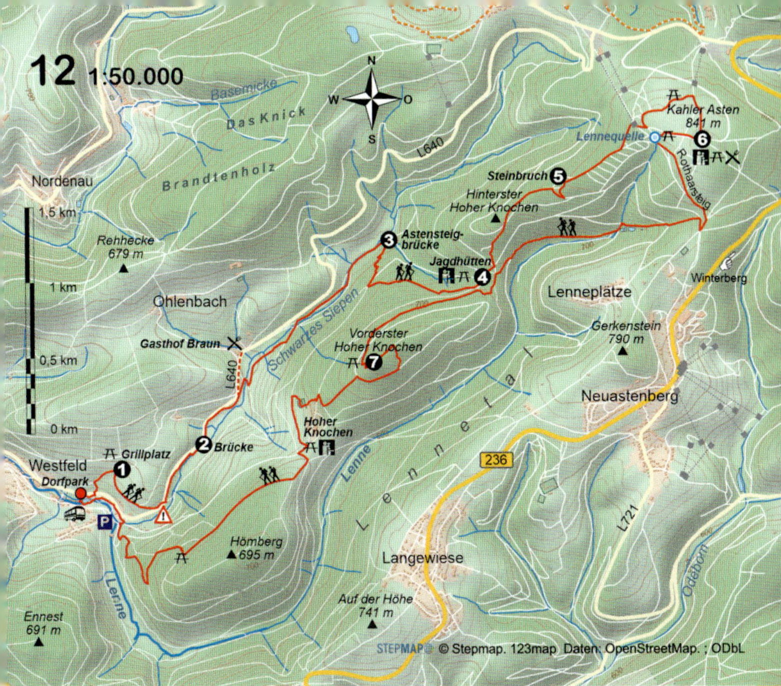

Den höchsten Punkt des Dorfes stellt natürlich der Kahle Asten mit 841,9 m Höhe dar.

Sie überqueren die Landstraße in einer Kurve umsichtig ein zweites Mal, halten sich sofort links und wandern nun auf dem Feldweg rund 900 m am Schwarzen Siepen entlang, der beim Einstiegsort in die Tour in die Lenne sprudelt, während schottische Hochlandrinder Ihnen seelenruhig zuschauen. Sie überqueren den Siepen in Ohlenbach bei der Pension Vollmers über eine Brücke ❷ und legen 300 m durch das Tal zurück, bald auch über herrlich verwurzelten Pfad, bis Sie eine Weggabelung erreichen.

✕ In Ohlenbach können Sie auch im Gasthof Braun einkehren. Dazu gehen Sie links ein Stück die L640 entlang und sehen dann linker Hand den Gasthof. Gasthof Braun, Ohlenbach 6, 57392 Schmallenberg, ☏ 029 75/411, 💻 www.gasthof-braun.com, ✉ info@gasthof-braun.de, 🚪 Di Ruhetag

An dieser gehen Sie rechts den Hang hinauf, entdecken aber nach 50 m rechter Hand einen Pfad. Der trägt Sie inmitten eines Biotops über die Astensteigbrücke ❸ schnell in den vom Orkan Kyrill geräumten Hang mit jungen Fichten und Sträuchern und mäandert aufwärts, bis Sie einen befestigten Weg erreichen. Bei diesem orientieren Sie sich nach rechts und rund 20 m weiter nach links in den Buchenwald auf den Pirschpfad, der Sie bald zügig hinaufführt.

In Höhe der Jagdhütten genießen Sie von einer Rastbank beim Bildstock die schöne Aussicht ins Tal (km 5,1) ❹.

Sie überqueren zwei Wegkreuzungen geradeaus und halten sich an einer Wegspinne halb links auf einen schmalen Weg, der Sie stetig am Hintersten Hohen Knochen entlang aufwärts zu einem Waldweg bringt. Sie wenden sich für rund 100 m nach rechts und steigen dann links in eine Steinbruchpassage ❺ mit steilen Felswänden ein, die sich eng an den Pfad schieben.

Im Steinbruch

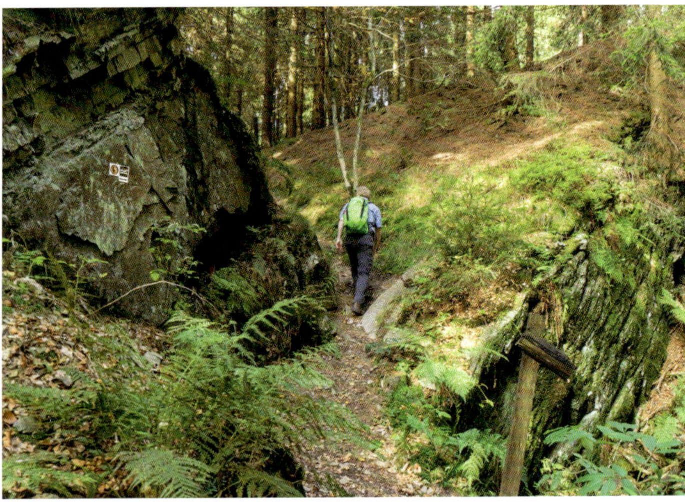

Zurück auf dem Waldweg halten Sie sich rechts und können nach kurzer Wegstrecke frische Luft schöpfen, wenn Sie den Wald hinter sich lassen und dieser nach einigen niedrigen Jungfichten der blühenden Heidelandschaft Platz macht. In einem weiten Bogen umrunden Sie den Gipfel auf einem Abschnitt des Heidepfads und genießen ein großes Angebot an famosen Aussichten über das Rothaargebirge und das Sauerland. Der Heidepfad erschließt Ihnen die Besonderheiten des Gipfels durch 25 Stationen mit Informationstafeln zur Heide und der Bewirtschaftung oder zur Geschichte rund um den Kahlen Asten. Zwischendurch nehmen Sie sicher auf einer der vielen Rastbänke Platz, vielleicht kehren Sie auch im Berggasthof Kahler Asten ein oder steigen die 80 Stufen auf der Wendeltreppe hinauf zum Astenturm ❻ mit dem Blick ins „Land der 1.000 Berge", zum Brocken im Harz oder zum Feldberg im Taunus.

Rastplätze und Aussichtsturm auf dem Kahlen Asten (km 7,7)

Hotel und Restaurant Astenturm, Schneilstraße 2, 59955 Winterberg,
☏ 029 81/89 78 88, astenturm@bergresort.nrw, www.astenturm.com,
Di-Fr 11:00-19:00 (Küche 11:30-18:00), Sa und So 11:00-20:00, (Küche 11:30-18:30), Mo Ruhetag

Schätzungsweise eine Million Besucher spaziert jährlich über den mit 841,9 m Höhe dritthöchsten Berg im Rothaargebirge und erlebt dabei nicht nur famose Fernsichten. Der Kahle Asten und das gleichnamige Naturschutzgebiet

Heidelandschaft auf dem Kahlen Asten

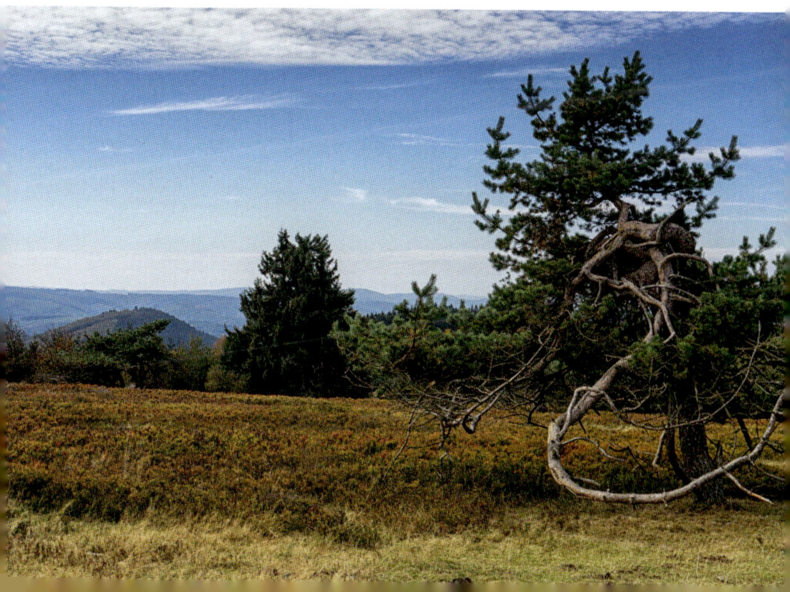

beherbergen auch eine alte Hochheidefläche. Zwergstrauchheide (hier auch manchmal als Hochheide bezeichnet) nimmt den Kahlen Asten ein und Heidekraut, Borstrasen und Zwergsträucher dominieren. Schafe beweiden in den Sommermonaten die Heide und sorgen mit dafür, die Bewaldung zu verhindern. Trotzdem sind auch händische Pflegeeingriffe notwendig. Über das Plateau verläuft die Rhein-Weser-Wasserscheide, die Quelle der Lenne liegt beim Gipfel. Die Wetterwarte besteht bereits seit 1918. In einer Ausstellung zeigt das Museum für Naturkunde die Entstehung des Gebietes rund um den Kahlen Asten, erläutert die hiesige Pflanzen- und Tierwelt und vermittelt Wissen zur Wetterwarte. Zahlreiche Wanderwege wie der Rothaarsteig, der Europäische Fernwanderweg E1 oder der Sauerland-Höhenflug führen über den Berg.

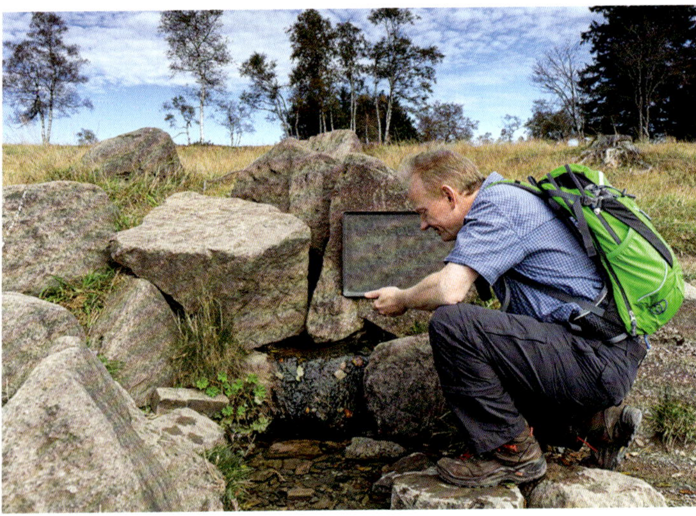

An der Lennequelle

Vom 1889 neu errichteten Astenturm wandern Sie gemächlich zur Lennequelle. Die Lenne ist mit ihren 129 km der längste Fluss, der im Sauerland fließt, und die in Stein eingefasste Lennequelle die höchstgelegene Quelle Nordwestdeutschlands, die jedoch je nach Jahreszeit und Wetterlage nicht permanent hervorquillt. Sie wandern dann den Hang hinab und entdecken zwei abseits platzierte Waldsofas, die zum Ausspannen verleiten (km 8).

Auf felsigem Pfad wandern Sie nun vom schönsten Gipfel des Rothaargebirges hinab, halten sich an einer Wegspinne scharf rechts und nach 80 m links auf einen Pfad, auf dem es zügig bergab geht.

Bei einer Kreuzung neben einem Bächlein halten Sie sich geradeaus, passieren zwei Fischteiche und bleiben an den Weggabelungen neben der Lenne, die rechter Hand vom Kahlen Asten zufließt. Durch das Naturschutzgebiet Oberes Lennetal wandern Sie 1 km durch ein Waldstück und an Weiden vorbei talwärts, finden sich nun in Nähe der Jagdhütten vom Hinweg wieder, wählen an der Wegspinne den ersten Abzweig von links und 50 m darauf den Trampelpfad rechts in den Hang hinein. Schmale Wege wechseln sich nun mit kurzen Waldwegpassagen ab, auf denen der Steig Sie die Talflanke hinauf zum 765 m hohen Vordersten Hohen Knochen ❼ führt. Für die Mühsal werden Sie mit einem Waldsofa (km 11,6) und einer formidablen Fernsicht belohnt.

Auf der anderen Bergseite führt der Pfad Sie im weiten Bogen durch Buchenwald bergab. An einer Kyrillfläche mit weiten Blicken über Westfeld und das Lennetal halten Sie sich links und erreichen nach rund 500 m das Areal des Berghotels Hoher Knochen. Knapp 100 m vor der ✞ St.-Elisabeth-Kapelle, die 1958 vom Besitzer des Hotels im romanischen Stil erbaut wurde und in der auch Trauungen vollzogen werden, wenden Sie sich nach rechts.

Sie passieren Wassertretbecken und Bolzplatz und gelangen im Bogen auf die Zufahrtsstraße zum Hotel mit einem schön hergerichteten Rastplatz am Parkplatz Hoher Knochen (km 13,6).

Gleich dahinter gehen Sie auf dem Schotterweg nach links, 70 m danach dann mit leichtem Anstieg nach rechts. Die weiten Aussichten vom Hömberg ins Schmallenberger Land nehmen Sie natürlich noch mit, bevor Sie einen Weg nach rechts durch den Wald wählen.

Bald schlängelt sich an einer klug platzierten Rastbank am Hömberg (km 14,8) ein Pfad den Hang hinab, der an einem Waldweg endet. Sie orientieren sich nach links auf den mit Ginsterbüschen gesäumten Waldweg, den Sie nach 200 m nach rechts verlassen, um auf einem Trampelpfad hinabzusteigen. Sie wechseln nochmals für ein kurzes Stück auf einen asphaltierten Weg, legen aber dann die letzten Schritte hinunter zur Straße Am Hömberg auf feinem Untergrund zurück, bevor Sie dann den Parkplatz an der Rothaar-Arena erreichen.

⑬ Walderlebnispfad Bad Fredeburg

Tour für Familien mit Kindern

Das Dachs-Logo weist den Weg, aber die Sinne schärfen und die Augen öffnen muss jeder selbst im Wald. Viele Erlebnisstationen erwarten die kleinen und die großen Wanderer. An der Kalten Schlade können alle die Füße kühlen, die Kapelle im Buchhagen wartet als Ort der Ruhe und ein Steinbruch macht die Erdgeschichte sichtbar. Dazwischen locken eine riesengroße Holzwippe oder eine Holzgitarre zum Mitmachen, ein Baumspiegel lässt in die Höhe schauen und an einem Baumhorst blicken Sie tief in den Wald. Eine schöne Stunde Wanderspaß im Wald, die wie im Flug vergeht.

Start/Ziel: Parkplatz Zum Hallenberg bei Bad Fredeburg, GPS N 51°11.877‘ E 008°18.705‘

3,3 km

1 Std. 15 Min.

172 m/172 m

467-561 m

Dachs als Holzfigur, verschiedentlich auch ein Holzschildchen (weißer Pfeil auf grünem Grund)

Walwege wechseln sich mit Pfaden ab.

Rastbank am Eingangsportal (km 0,1), Rastplatz an der Kalten Schlade (km 0,6), Rastbank an der Buchhagenkapelle (km 1,5), Rastbänke am Steinbruch (km 3)

Ein absoluter Kinderweg!

Der Weg ist stellenweise, besonders zu Beginn, verwurzelt und steil, darüber hinaus aber für geländegängige Buggys geeignet.

Für Hunde ist der Weg geeignet. Unterwegs gibt es Trinkmöglichkeiten am Bach und an der Kapelle im Buchhagen steht ein Trinknapf mit Schöpfkelle zum Befüllen bereit. Die Betreiber des Walderlebnispfads bitten darum, dass Hunde zur Schonung der Tier- und Pflanzenwelt angeleint werden.

Bad Fredeburg erreichen Sie von Schmallenberg mit der Linie 367/369 (stündlich, Sa und So zweimal vormittags) und der Linie S90 (stündlich, So zweimal vormittags), dort Haltestelle „Sparkasse“ im Zentrum. Von hier ist es rund 1 km bis zum Startpunkt des Erlebnispfades im Bereich „Zum Hallenberg“.

Parkplatz Zum Hallenberg, GPS N 51°11.865‘ E 008°18.703‘

Ein anschließender Ausflug ins SauerlandBAD mit Kinderrutsche und Wasserfall macht Kindern sicher Spaß. SauerlandBAD, Am Sportzentrum 1, 57392 Schmallenberg-Bad Fredeburg, ☏ 029 74/968 00, 💻 www.sauerland-bad.de, Mo 14:00-22:00, Di und Do-Fr 10:00-22:00, Mi 7:00-22:00, Sa, So und Feiertage 10:00-22:00, Eintrittspreise (beispielhaft für 1 Std. 30 Min.): Kinder € 3,50, Erwachsene € 5,50, Familien-Tageskarten (2 Erwachsene und 2 Kinder) € 22,50

Vom Parkplatz an der Straße Zum Hallenberg gehen Sie rund 20 m hangaufwärts, wechseln die Straßenseite und entdecken sogleich den Einstiegspunkt zum Walderlebnispfad mit ⊼ Rastbank (km 0,1), Eingangsportal und der ersten geschnitzten Holzfigur.

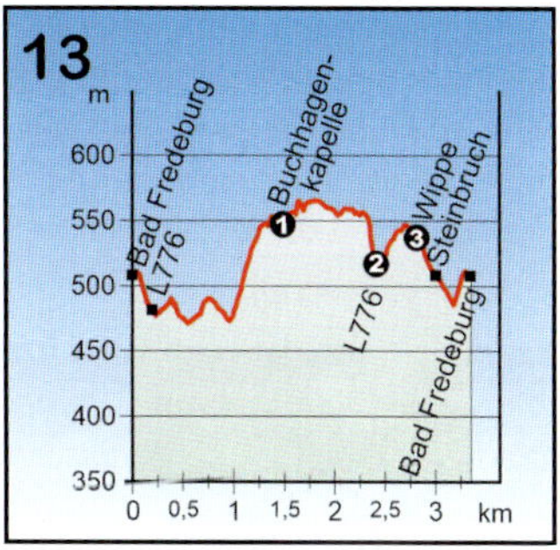

Von nun an folgen Sie dem Wegzeichen mit dem Dachs als Logo.

Auf einem schmalen Pfad wandern Sie entlang von Wiesen und durch ein Waldstück auch über Stiegen zu einem quer verlaufenden schmalen Weg. Der Rundweg führt Sie nach rechts, doch zuvor legen Sie einen Abstecher links im Hang ein und finden eine erste Informationstafel, hier zum Thema „Ökosystem Wald". Informationstafeln wie diesen zum Schlaumachen begegnen Sie auf dem gesamten Erlebnispfad. Beim vorherigen Abzweig gehen Sie in Hanglage geradeaus, gelangen zur ✋ L776 und überqueren die viel befahrene Straße sehr umsichtig.

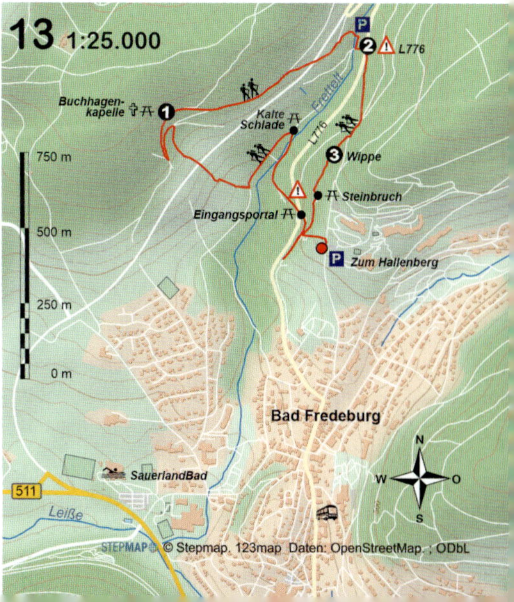

Ein kurzes Wegstück laufen Sie über Asphalt, während daneben der kleine Bach Frettelt aufgeregt gen Bad Fredeburg plätschert. Sie spüren kleine Hinweistafeln auf, beispielsweise an Baumstümpfen, mit Themen wie „Wer frisst was?" samt Farbabbildungen, die diese Wissensfragen gleich an Ort und Stelle beantworten.

An einer Weggabelung, der Sie scharf nach links folgen, liegt die Kalte Schlade mit einer Barfußwiese, ⩩ Bänken und Liegesofa und einem Wassertretbecken, ergänzt um ein nettes Hinweisschild für Hundebesitzer, dass die Frettelt für Vierbeiner viel besser zum Plantschen geeignet ist als das Wasserbecken (km 0,6).

Sie wenden sich an der Wegkreuzung nach links und entdecken dort eine Station mit in Holztafeln geschnitzten Fährten und Spuren. Entlang einer malerischen Allee gelangen Sie nach rund 250 m an einen Abzweig. Sie orientieren sich rechts auf den Pfad, der Sie zügig an einem Bächlein den Berg hinaufführt. Eine Rutsche bremst das Weiterkommen ab, weil die Kinder immer und immer wieder „noch einmal" sagen und wieder hinuntergleiten werden.

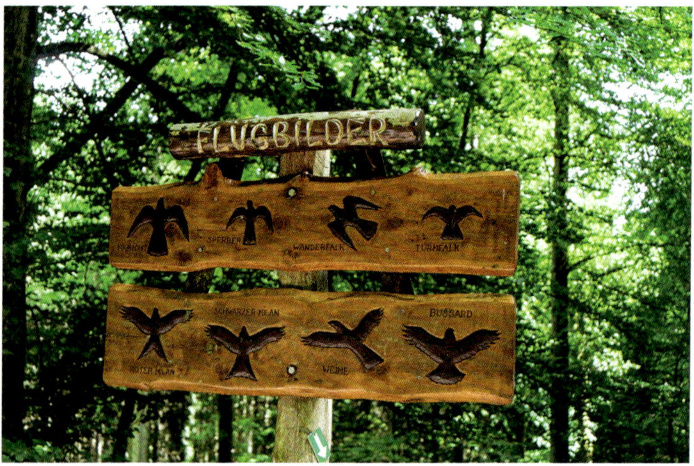

Flugbilder

Kleine Holztafeln zeigen an einer nächsten Station die unterschiedlichen Holzarten wie Esche oder Eiche, bevor Sie auf einen Waldweg mit „Flugbildern" einiger Vögel treffen. Sie gehen den Waldweg gut 100 m weit nach links, wenden sich dann an einer hölzernen Hirschskulptur scharf nach rechts und gehen in Hanglage auf dem Kreuzigungsweg bis zur ✞ Kapelle am Buchhagen ❶. Hier finden Sie auch eine ⩩ Rastbank (km 1,5).

Die Sage von der Buchhagenkapelle erzählt von drei Jungen, die an dieser Stelle beim Spielen einen Priester sahen. Später erzählten sie daheim davon, doch die Erwachsenen konnten nach einem Gewitter keine Spur des Geistlichen entdecken, sondern fanden stattdessen in einer vom Blitz gefällten Eiche ein Bildwerk der Muttergottes. Nachdem es mehrmals feierlich nach Fredeburg gebracht wurde und jedes Mal verschwand und an dieser Stelle wieder auftauchte, beließ man das Bildwerk hier und baute um 1830 dazu diese Kapelle. Dem eiskalten Wasser aus der Quelle wird eine heilende Wirkung insbesondere bei Augenleiden nachgesagt.

Sie wandern weiter und begegnen einem Baumspiegel, mit dem das „Dach des Waldes" angeschaut werden kann, einer rustikalen Baumgitarre, einem hölzernen Klangspiel und der Vogeluhr aus Holz, die zeigt, wann welcher Vogel aktiv ist.

Klangspiel

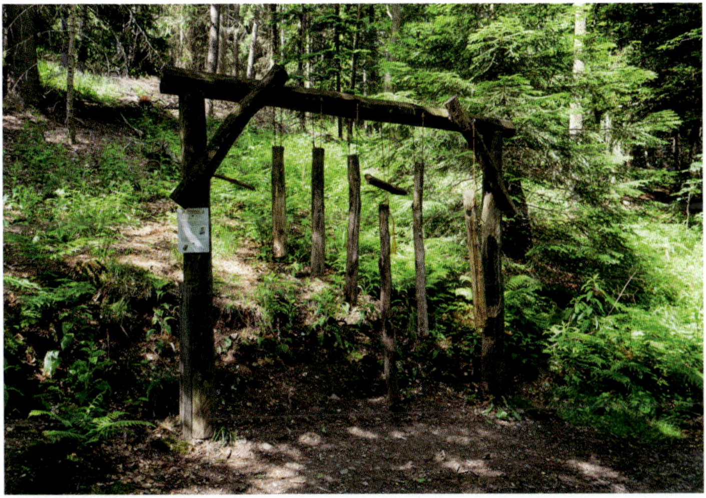

Gleich hinter der Vogeluhr steigen Sie einige Stufen hinab zu einem Wanderparkplatz. Dort orientieren Sie sich sofort nach rechts, über einen befestigten Weg dann links bis zur L776 ❷. Sie überqueren sie erneut sehr umsichtig und wandern auf einem ansteigenden Pfad weiter, später dann auf einem breiteren Weg durch den Wald. Unterwegs erfahren Sie, warum der Rote Fingerhut giftig ist oder warum im Wald Holzstapel herumstehen, bis Sie an einer Wegspinne den zweiten Weg von rechts wählen und rund 50 m darauf dann an der Weggabelung rechts abbiegen.

Der Pfad führt schnell zur riesigen Holzwippe ❸, auf der Kinder und Eltern zeigen können, wer das Gleichgewicht halten kann. Bald wartet ein Baumhorst, wie der Hochsitz auf dem Walderlebnispfad genannt wird, mit fest installierten Metall-Fernrohren, um in die Tiefen des Waldes zu gucken.

Weitere Schautafeln unterhalten dann auf dem kurzen Wegstück bis zum Unteren Steinbruch an der Bödefelder Straße. Von Rastbänken aus schauen Sie hinunter in den Steinbruch (km 3).

Weitere Schautafeln wie die zum Marder, zu Baumarten wie der Sitkaeiche und der Weißtanne schließen den Walderlebnispfad ab. Sie gelangen an die Kreuzung vom Hinweg. Nun wenden Sie sich links den Hang hinauf und erreichen auf dem bekannten Waldweg das Eingangsportal und kurz danach den Parkplatz.

Ausblick auf Bad Fredeburg

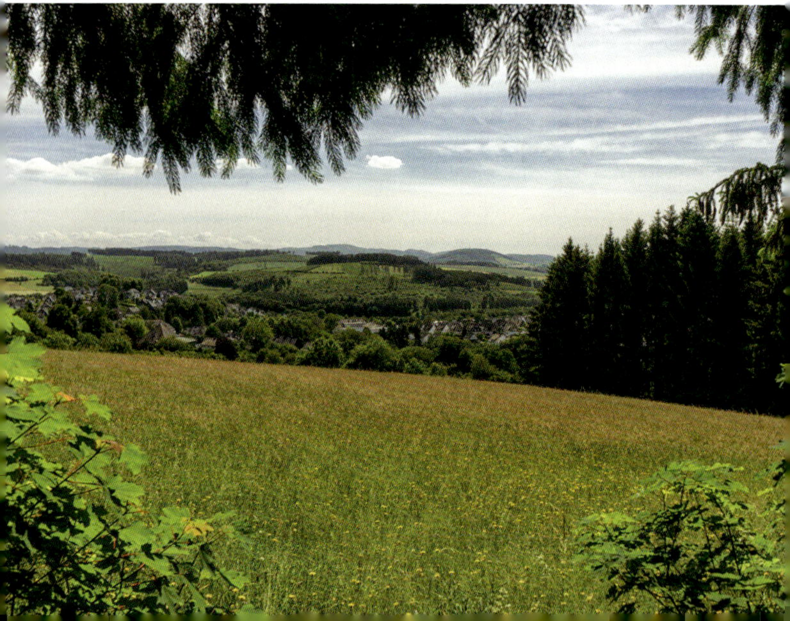

⑭ Bergwiesen und Renautal bei Altastenberg

Tour für Familien und Naturliebhaber

Schon wenige Schritte hinter Altastenberg säumen Wälder und saftiggrüne Wiesen den Weg, bevor Sie zum munteren Renaubach hinuntersteigen. Sie schlendern über herrliche Bohlenwege und erklimmen wieder die Höhe, um sich gleich darauf inmitten der Bergwiesen an den schönen Aussichten über die Sauerlandhöhen sattzusehen. Vorbei an grasenden Rindern und entlang von Skiabhängen meistern Sie einen letzten Hang und belohnen sich mit weiteren Fernblicken.

Start/Ziel: Parkplatz Skigebiet Altastenberg (Nähe Sportplatz), GPS N 51°11.212' E 008°28.052'

8,4 km

2 Std. 30 Min.

234 m/234 m

650-790 m

Friedrich-Wilhelm-Grimme-Weg X27, Renautalweg AS1 (beide mit weißer Schrift auf schwarzem Grund), orangefarbener Dukatenfalter

weiche Wald- und Wiesenwege, ab und zu asphaltierte Wegstücke

Berghotel Astenkrone (km 0,3), Schwedenhütte (km 7,9), Hotel Clemens (Renaustraße 48)

Schutzhütte mit Rastplatz (km 1), Rastbänke an den Bergwiesen (km 5), Rastbänke bei Altastenberg (km 7,7)

Zweimal wird die K18 überquert. Der Weg ist besonders entlang der Renau über die Bohlen für Kinder interessant.

Entlang der Renau ist der Weg stark verwurzelt und schmal, ansonsten sind geländefähige Buggys einsetzbar.

Für Hunde ist der Weg geeignet, Trinkmöglichkeit an der Renau. Die Bergwiesen sind Naturschutzgebiet, hier gehört der Hund an die Leine, ebenso an der K18 und der danach folgenden Viehweide.

Buslinie S40 von Winterberg oder Schmallenberg nach Altastenberg, Haltestelle „Astenstraße", stündlich, an Sonn- und Feiertagen zwei Fahrten vormittags

zentraler Parkplatz des Skigebietes südwestlich vom Ort bei Sportplatz und Kapelle, GPS N 51°11.212' E 008°28.052'

Die Bergwiesenblumen begeistern besonders zur Blütezeit im Frühjahr und im Frühsommer vor der ersten Mahd.

Der Startpunkt liegt am zentralen Parkplatz am Skigebiet. Von dort wenden Sie sich in die Astenstraße, überqueren diese und gehen bergan weiter in den Renauweg. Sie folgen dem Renauweg bergauf bis zur Straße Zum Nordhang.

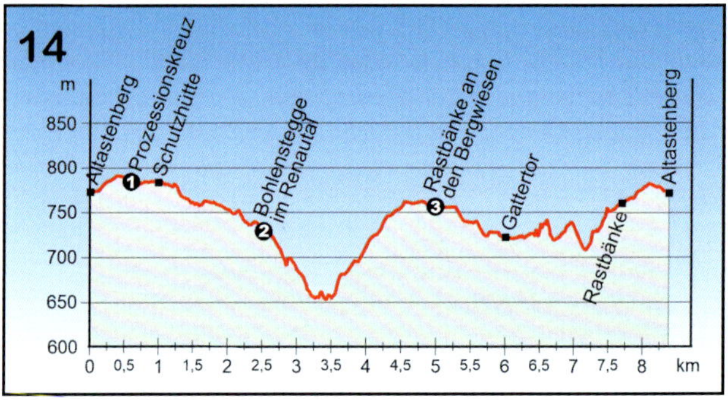

Wenn Sie den Renauweg noch rund 30 m weiter hinaufgehen, erreichen Sie links über die kleine Straße Am Hang das Romantik Berghotel Astenkrone.

✕ Romantik Berghotel Astenkrone, Astenstraße 24, 59955 Winterberg-Altastenberg, ☏ 029 81/809-0, info@astenkrone.de, www.astenkrone.de, Küche tägl. 12:00-20:00

Nach der Straße Zum Nordhang passieren Sie die Dorfhalle und halten sich am Ende des Parkplatzes bei der großen Wanderkarte rechts.

Gemeinsam mit X27 wandern Sie entlang von Hausgärten und weiten Wiesenflächen zur anderen Seite und ziehen an einem hölzernen, von zwei Rastbänken mit famosen Ausblicken über die Höhen umrahmten Prozessionskreuz ❶ vorbei.

Sie verlassen den gut ausgebauten X27 nach einer Wegschranke nach links und wandern nun auf einem grasbewachsenen Weg sanft den Hang hinunter. Rechts entdecken Sie eine Wiese zwischen den Bäumen und eine Schutzhütte mit Rastplatz (km 1).

Bald danach schlüpft der Weg in einen dichten Nadelwald, bis Sie nach rund 100 m auf einen quer verlaufenden Waldweg treffen, dem Sie sich nach rechts anschließen. Auf AS1 wandern Sie entlang von würzig duftenden Fichten, folgen dem Hauptweg und genießen die Aussichten über das Renautal hinweg, wäh-

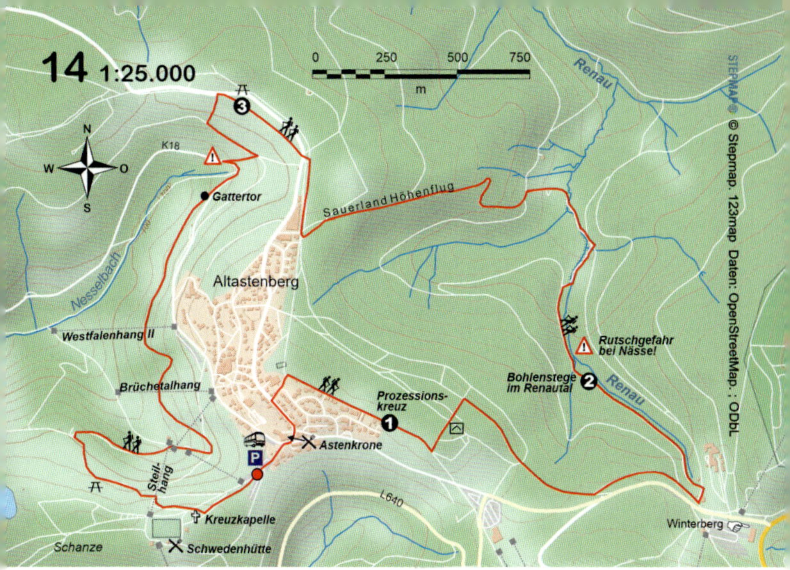

rend sich rechter Hand der Kahle Asten in die Höhe reckt. Sie wandern bis zu den ersten Gebäuden beim Astensanatorium, halten sich nach dem ersten Haus links und folgen dem Weg ca. 80 m weit bis zu einer Weggabelung. Dort wenden Sie sich gemeinsam mit AS1 links auf den Brückenpfad Renau. Auf dem stellenweise verwurzelten Pfad steigen Sie nun zügig durch den dichten Mischwald hinunter zur Renau. Zwischendurch betrachten Sie die Informationstafeln zur Geologie und Geografie der Region.

Stellenweise muss der Buggy über den verwurzelten Pfad und über die Treppenstufen getragen werden.

Im Tälchen hören Sie den Renaubach leise plätschern und ein schmales Bächlein läuft von links hinzu. Sie erreichen eine Weggabelung, halten sich dort rechts und stapfen über einige ins Erdreich eingelassene Stufen hinab zur Renau. Nun wandern Sie auf Tuchfühlung zum munteren Bach über mit Holzgeländern gesicherte Bohlenstege ❷ (Rutschgefahr bei Nässe). Informationstafeln geben Auskunft zu den Tieren und Pflanzen im malerischen Muldental.

Nach der ersten Bohlenpassage stoßen Sie auf einen Waldweg, dem Sie sich nach links anschließen, um ca. 30 m darauf links auf einen letzten Abschnitt über

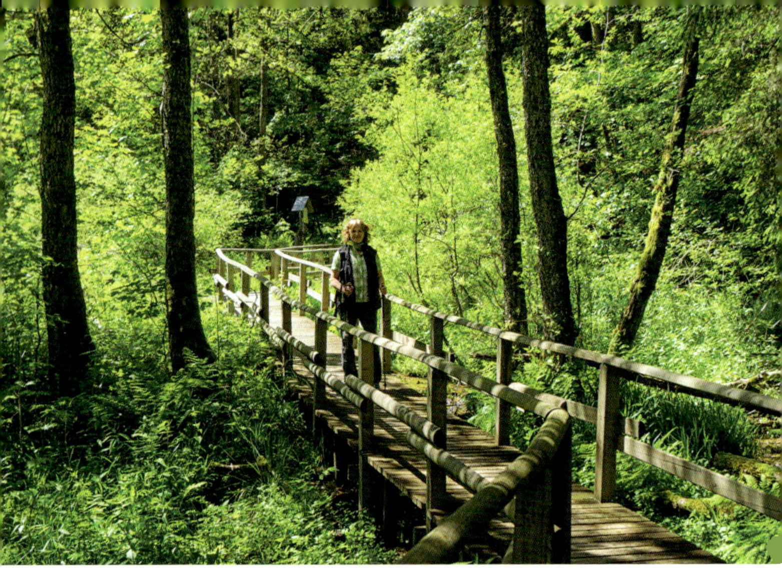

Bohlenweg im Renautal

Bohlen zu schwenken. Über Treppenstufen steigen Sie aus dem Auenwald hinauf und gelangen bald zur Renauwiese mit ⌂ Schutzhütte. Zwischen Mai und August blüht dort das Gefleckte Knabenkraut, eine Orchideenart.

Der folgende kräftige Anstieg bringt Sie nach ca. 200 m an eine Weggabelung, der Sie gemeinsam mit AS1 erst nach links folgen, nach 20 m dann rechts zügig den Berg hinauf. Der Waldweg windet sich aufwärts, bis Sie auf der Anhöhe eine Weggabelung erreichen, sich dort rechts und kurz darauf beim Renauweg wiederum rechts halten. Von hier aus folgen Sie bis zum Ende der Wanderung dem orangefarbenen Dukatenfalter auf dem Bergwiesenpfad Altastenberg, der in diese Gehrichtung leider nicht durchgängig gut ausgeschildert ist. Am Sporthotel Kirchmeier vorbei wechseln Sie nach den letzten Gebäuden rechts auf einen schmalen Wiesenweg, treffen nach 300 m auf eine Wegspinne und orientieren sich dort nach links. Sie überqueren umsichtig die Alte Straße und halten sich auf dem wunderbar grasigen Weg zwischen eingezäunten Schonungen und sich weit ausbreitenden Wiesenflächen. Der Bergwiesenpfad macht seinem Namen alle Ehre, und die kostenlosen Weitblicke über die Höhen des Sauerlands können Sie von einer der zahlreichen rustikalen Holzbänke ❸ (km 5) in vollen Zügen genießen.

Buchenwälder prägten das Bild, bevor der Mensch sich im Sauerland niederließ. Durch Holzeinschlag und andere Nutzungsarten verringerte sich die Waldfläche drastisch und Besenheide und Heidel- oder Preiselbeeren breiteten sich aus. Später wurden die Heideflächen mit Schafen und Ziegen beweidet. Die Übernutzung der Wälder führte zur Holzknappheit und nur eine geregelte Forstwirtschaft begrenzte die wuchernden Heideflächen. Heute stehen diese unter Naturschutz. Die Bergwiesen bei Altastenberg weisen typische Pflanzen wie Schwarze Teufelskralle, Wald-Storchschnabel oder Goldhafer auf, die Bergheiden und Borstgrasrasen säumen die Hänge mit Alpen-Milchlattich oder Hahnenfuß – und vielleicht entdecken Sie einen echten Dukatenfalter. Der Bergwiesenpfad Altastenberg gehört zum LIFE-Projekt, das sich der Wiederherstellung und Erhaltung dieser vielgestaltigen Lebensräume widmet.

Nach einer letzten Fichtenschonung linker Hand verlassen Sie den Wiesenweg, um auf einem nicht minder grün getünchten Pfad links den Hang hinunterzuwandern. Sie treffen auf einen Wirtschaftsweg, auf dem Sie erst nach links bis zu einer Wegkreuzung, dann rechts hinunter bis zur K18 schlendern. Sie überqueren an dieser Stelle die Straße, halten sich links, folgen umsichtig dem Verlauf der Kreisstraße auch über eine scharfe Rechtskurve hinaus und gewinnen an Höhe, bevor Sie nach rund 100 m rechts zwischen den Leitplanken endlich wieder auf einen Waldweg wechseln.

Der Dukatenfalter auf dem Bergwiesenpfad

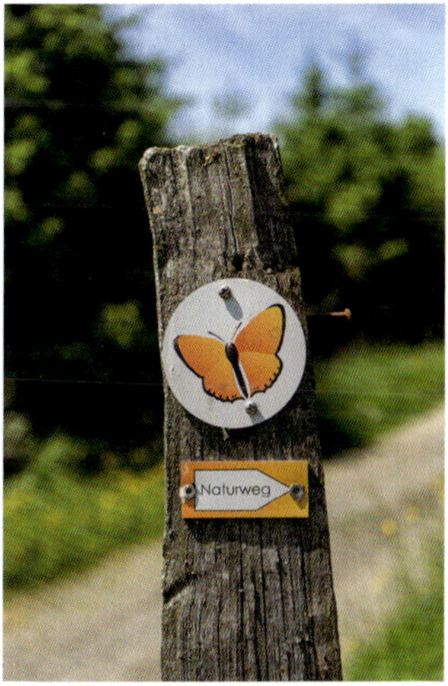

Nach einem Wäldchen passieren Sie das erste von drei Gattertoren, die Ihnen auf den folgenden 400 m zwischen den Borstgraswiesen Durchlass gewähren. An der Hangflanke entlang flanieren Sie auf Sichtweite zu friedlich grasenden Rindern.

Da sich die Rinder nicht immer im eingezäunten Areal aufhalten, sondern auch „frei“ herumlaufen, besteht auch hier wie auf den Bergwiesen Leinenpflicht für Hunde.

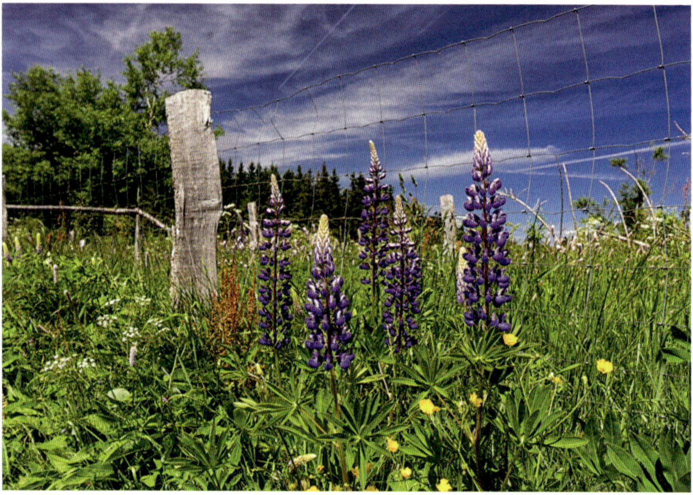

Blumenpracht in den Bergwiesen

Nach dem letzten Gattertor wandern Sie abwechselnd zwischen Fichtenwäldchen und wiesengrünen Abhängen wie dem Westfalenhang oder dem Sonnenhang, die für den Wintersport frei gehalten werden. Sie unterqueren drei Sessellifte und begegnen einem quer verlaufenden Wirtschaftsweg, dem Sie nun rechts zügig hinab ins Tal folgen. Am letzten Skilift dürfen Sie den Abzweig links in den Hang hinein nicht verpassen. Auf dem Wiesenweg gewinnen Sie rasch an Höhe, tauchen für wenige Meter wieder in ein Wäldchen ein und gelangen auf der Anhöhe zu einem weiteren Weg, auf dem Sie dem auf der anderen Talseite gelegenen Altastenberg zustreben. Bestimmt nutzen Sie eine der vielen ⩩ Rastbänke (km 7,7) und erfreuen sich an den wunderbaren Aussichten.

Die ersten Bewohner Altastenbergs waren Viehhirten. Zwischen 1536 und 1547 wurde mit „Auf dem Lichtenscheid“ eine Hirtenkolonie mit wenigen Häusern gegründet. Die Astenhochfläche warf nicht immer genug Erträge zum Überleben ab, weshalb ab dem 18. Jh. mit dem „Handelsmann“ ein neuer Beruf entstand. Die Handelsreisenden lieferten Löffel und Schüsseln, Sicheln, Sensen und Wollwaren bis nach Ostfriesland und in die Niederlande. Um das Jahr 1900 verdingten sich viele dann als Bergleute in den Bergwerken in Nordenau und

Ramsbeck. Der „Historische Pfad" ist als Heidenstraße bekannt, da sie über die Heidefläche führte. Der jahrhundertealte Handelsweg verband Köln über das Sauerland mit Leipzig. Seit Anfang des 19. Jh. besuchen viele Touristen Altastenberg für den Wintersport oder im Sommer zum Wandern.

Am folgenden Skilift orientieren Sie sich rechts auf einen butterweichen Wiesenweg, schlüpfen bald links durch ein Gattertor und gelangen nach 150 m zur im Jahr 1867 errichteten ✝ Kreuzkapelle aus Bruchstein. Von hier aus können Sie am Sportplatz vorbei in die Schwedenhütte mit schöner Sonnenterrasse einkehren.

✕ Schwedenhütte, Historischer Pfad 5, 59955 Winterberg-Altastenberg, ☎ 01 71/372 93 98, 💻 www.schwedenhuette.de, 🚪 Sommer Mi-So 11:00-19:00, Winter tägl. ab 10:00, Nov. geschlossen

Von der Kreuzkapelle wandern Sie an Informationstafeln zu Altastenberg und zur Region vorbei auf dem befestigten Historischen Pfad noch ca. 300 m zum Parkplatz am Skigebiet.

Weicher Wiesenweg zur Kreuzkapelle

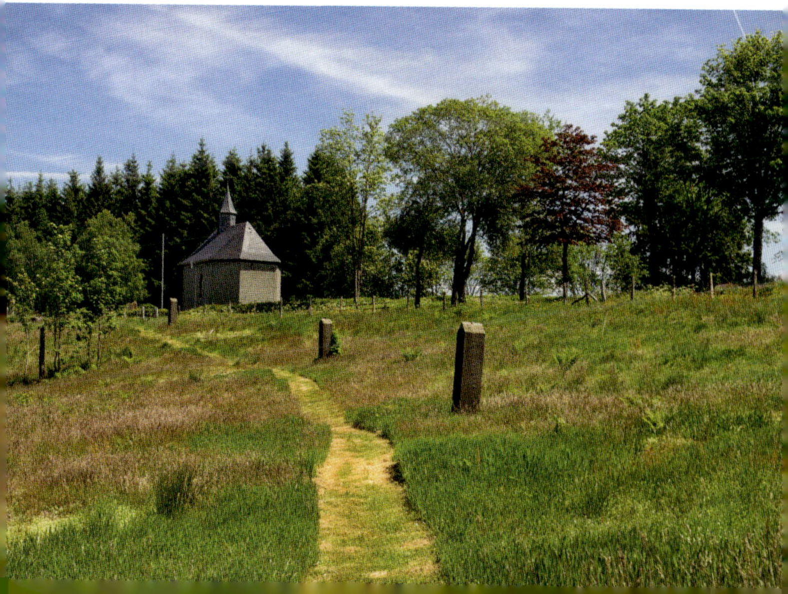

15 Unterwegs auf dem Bödefelder Hollenpfad

Tour für Familien mit Kindern und Tierfreunde

Abwechslung pur ist angesagt. Grüne Wiesen und Weiden mit schottischen Hochlandrindern warten ebenso wie verschlungene Pfade beim Naturerlebnisspielplatz Walkenmühle, bevor Sie am Wildgehege vorbei hinaufsteigen zum sagenumwobenen Hollenhaus.

Sie streifen den Planetenwanderweg und runden die Wandertour mit schönen Aussichten auf Bödefeld ab. Zum Schluss wartet in der Kirche noch die schauerliche Schwarze Hand – aber nur zum Betrachten.

- Start/Ziel: Wanderportal an der Kirche, GPS N 51°14.766' E 008°23.607'
- 10 km
- 3 Std.
- 417 m/417 m
- 463-694 m
- Golddorf-Route Bödefeld (goldenes G auf rotem Grund)
- Meist wechseln sich Feld- und Waldwege ab.
- Landhotel Gasthof Albers (km 9,9)
- Rastbänke am Abenteuerspielplatz (km 1,5), Rastbank am Hollenhaus (km 3,9), Rastplatz an der Schutzhütte (km 5,6)
- Vom Naturerlebnisspielplatz werden Kinder begeistert sein, und die zotteligen Hochlandrinder werden sie lieben.
- Der schmale Pfad zum Kehlenberg ist für Buggys nicht begehbar.
- Hunde finden Trinkgelegenheiten an der Palme und beim „Schlapperrad", die vertrauensseligen Hochlandrinder sollten sie aber in Ruhe lassen.
- Linie S90 von Schmallenberg nach Bödefeld bis zur Haltestelle „Kirche", stündlich, an Sonn- und Feiertagen vormittags zwei Fahrten
- P An der Kirche stehen einige Parkplätze zur Verfügung, GPS N 51°14.755' E 008°23.595'.

Sie beginnen die Wanderung auf der Golddorf-Route Bödefeld an der Pfarrkirche St. Cosmas und Damian, wenden sich dann in die Straße Zum Kreuzberg und gehen diese hinauf. Sie halten sich beim Kindergarten rechts und passieren Weiden mit schottischen Hochlandrindern, denen Sie auf der Golddorf-Route noch öfter begegnen werden.

Seinen Ursprung hat das auch Highland Cattle oder Kyloe genannte Hochlandrind in den Hochlandmooren im Nordwesten Schottlands. Seit über 200 Jahren wird das Rind in Schottland gezogen. Die Robustrinder sind nicht nur langlebig, sondern auch gutmütig, wie Sie vielleicht selbst bemerken werden, denn wenn Sie ein wenig Geduld haben, nähern sie sich neugierig. Natürlich sind die Hochlandrinder gut hinter Zäunen geschützt. Der Vorfahre dieser Rinderrasse ist der keltische Ochse. Weil sie klein und nicht schwer, aber robust sind, eignen sie sich zur Landschaftspflege und zur Bewirtschaftung der Weiden, denn mit ihren Hufen schädigen sie weiche Böden kaum und können zudem ganzjährig im Freiland gehalten werden.

Hochlandrinder mit Durchblick

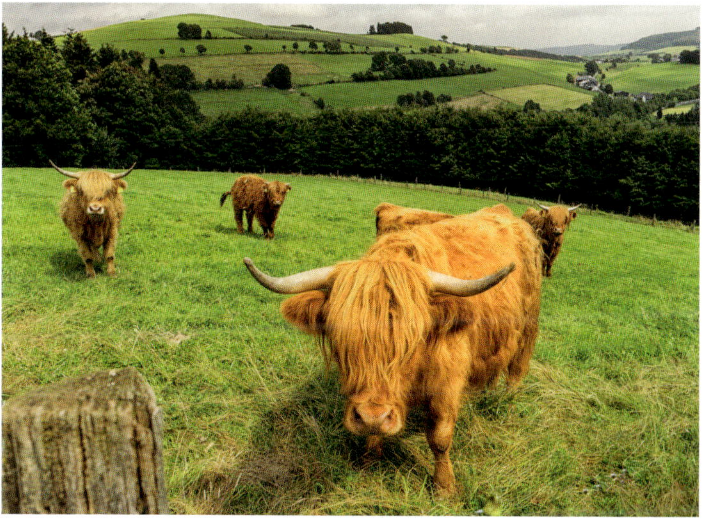

Sie wandern weiter durch ein Waldstück, wenden sich erst nach rechts und dann scharf nach links in den Lingenauwer bis zur Hunaustraße. Diese überqueren Sie, gehen kurz nach rechts und dann links bei der Albersmühle hinein in die Straße Auf der Hütte. 80 m danach halten Sie sich links auf einen schmalen Wiesenweg zwischen den Wohnhäusern, bevor Sie auf einer der Weiden erneut Hochlandrinder sichten. Auffallen wird Ihnen sicher auch eine erste von insgesamt

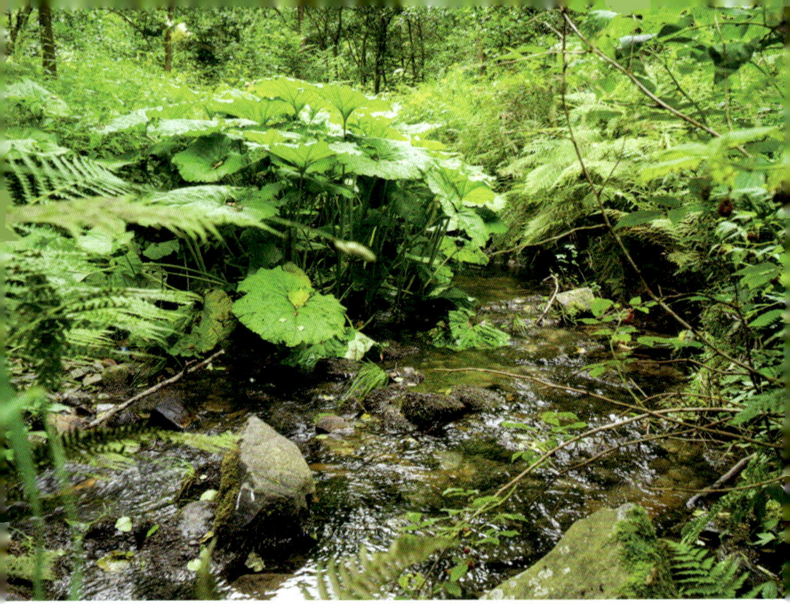

Muntere Palme

elf Holztafeln an einem kunstvoll aufgefächerten Baumstamm, die Sie allesamt über die Geschichte des Ortes ins Bild setzen. Nach rund 500 m erreichen Sie den Abenteuerspielplatz Walkenmühle ❶ mit Rastbänken (km 1,5).

Sie überqueren den Bach Palme und schlendern nun in Ufernähe durch den Auwald, vorbei am Kinderdorf mit Hütte und hölzernen Zwergen ❷ links und rechts bis zum Wassertretbecken am Nonnenstein.

Nun halten Sie sich rechts, passieren beim Anstieg durch den Wald einen Kohlenmeiler und überqueren ein munter zur Palme hinabsprudelndes Bächlein über einen Holzsteg. Sie stoßen auf einen Waldweg, halten sich nun zweimal kurz hintereinander jeweils links und gewinnen stetig an Höhe. Einer scharfen Rechtskurve folgen Sie und orientieren sich 300 m danach rechter Hand auf einen Pfad, der Sie zügig zum Hollenhaus ❸ bringt.

In der Legende vom Hollenhaus trieben die Dorfkinder ihre Ziegen hinaus, und übermütig wagten sie sich sogar in die Höhlen und riefen die Hollen oder Holden, die dort wohnen sollten. Die Hollen waren freundlich den Menschen gegenüber, und so spielten und scherzten sie, nachdem sich die Jungen und Mädchen kurz erschreckt hatten, vergnügt miteinander, dass die Stunden im Flug vergingen. Zum Abschied, als es schon spät war, reichten die Hollen den Kindern funkelnde Steine, die sie geschwind nach Hause trugen. Und dort erwiesen sich die schweren Steine als pures Gold. Doch nicht jede Geschichte hat ein gutes Ende, und so suchten gierige Burschen die Höhlen auf. Doch ihre Gier nach Gold wurde alsbald bestraft, als die Eingänge hinter ihnen verschüttet wurden. Die Hollen aber verließen den Ort, nachdem menschliche Habsucht ihre Ruhe zerstört hatte.

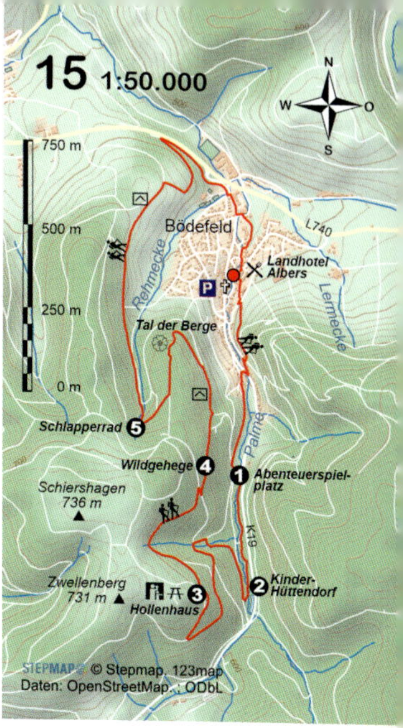

Das Hollenhaus ist ein von grünen Pflanzen überwucherter Felsen, die ⌂ Schutzhütte nahebei besteht aus solidem Holz, und die Aussicht auf Bödefeld und darüber hinaus ist vom Feinsten. Sicher wollen Sie hier am Rastplatz (km 3,9 eine kurze Pause einlegen, bevor der Weg Sie wieder abwechselnd hinauf und hinunter mitnimmt.

Sie passieren geräumte Berghänge und das Wildgehege ❹. Von hier aus bis fast zum Ende der Wandertour wird der Planetenwanderweg Sie mit neun Tafeln

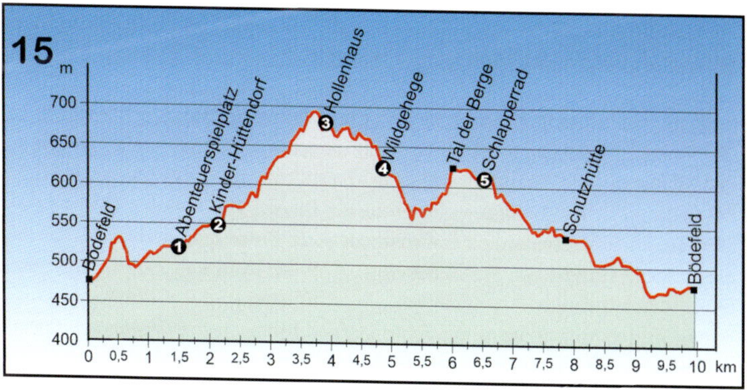

begleiten, die die Sonne und die Planeten mit Fotos und Texten vorstellen. Sie wandern vorbei am Schützenplatz mit seiner Vogelstange und gelangen zu einer weiteren Schutzhütte, die von Holzskulpturen des Kettensägenschnitzkünstlers Martin Schröder umrahmt wird. Hier finden Sie auch einen Rastplatz (km 5,6).

Rund 200 m weiter dürfen Sie einen Abzweig links in den Hang hinein nicht verpassen, der Sie auf einem geschlängelten Pfad zügig auf den 621 m hohen Kehlenberg und das Naturdenkmal „Tal der Berge“ trägt. Von dort wandern Sie den Kehlenberg hinunter und entdecken in einer scharfen Rechtskurve an der Rehmecke den Ort Waldesruh mit „Schlapperräder“ genannten quirligen Wasserrädern ❺. Fast gemütlich führt der Waldweg nun weiter, die Bäume lichten sich und geben den Blick auf Bödefeld und das sanft gewellte Umland frei. Die Wiesen und Weiden sind umrahmt von Ginsterbüschen und Hecken, eine Schutzhütte steht gut platziert am Wegesrand, bevor Sie nach einer kurzen Episode über asphaltierten Weg den Abzweig nach rechts über einen herrlich weichen Wiesenpfad nicht verpassen dürfen. Dieser bringt Sie erneut an einer Weide mit Hochlandrindern vorbei, die neugierig jeden Ihrer Schritte verfolgen.

Ein letztes Mal tauchen Sie in ein Schatten spendendes Waldstück ein, wenden sich in einer Kurve scharf nach rechts und legen die letzten Schritte bis Bödefeld in sicherer Distanz zur L740 zurück.

Seit dem Jahr 2004 findet jährlich im Mai in Bödefeld der „Hollenmarsch“ statt, bei dem die Wanderer aus Streckenlängen zwischen 14 und 101 km wählen können. Die längste Strecke führte 2022 über Kühhude bis zum Rhein-Weser-Turm und zurück. Der Marsch wird mit einem umfangreichen Rahmenprogramm und der abschließenden Hollenparty abgerundet.

Nahe beim Sportpark endet der Planetenwanderweg. Sie orientieren sich in die Sankt-Vitus-Schützenstraße, wechseln umsichtig die Straßenseite, biegen in den Mühlenweg ein und halten sich beim Minigolfplatz rechts. An der Schule vorbei und durch den Dorfpark gelangen Sie in die Alte Hansestraße. Dort entdecken Sie noch unterhalb des Straßenschilds Alter Burgweg den Hinweis, das an dieser Stelle Hunold von Hanxleden von 1425 bis 1428 ein „Burg“ genanntes festes Haus errichtete.

Die letzten Meter entlang der Graf-Gottfried-Straße und am Landhotel Albers vorbei bis zur Pfarrkirche legen Sie sicher gut gelaunt zurück.

Landhotel Albers, Graf-Gottlieb-Straße 2, 57392 Bödefeld-Freiheit,
029 77/213 oder 488, info@albers-landhotel.de,
www.albers-landhotel.de, 12:00-13:30 und 18:00-20:30, Mi geschlossen,
Frühstücksbuffet 8:00-10:00, nachmittags Kaffee und Kuchen

Steinbrunnen in Bödefeld

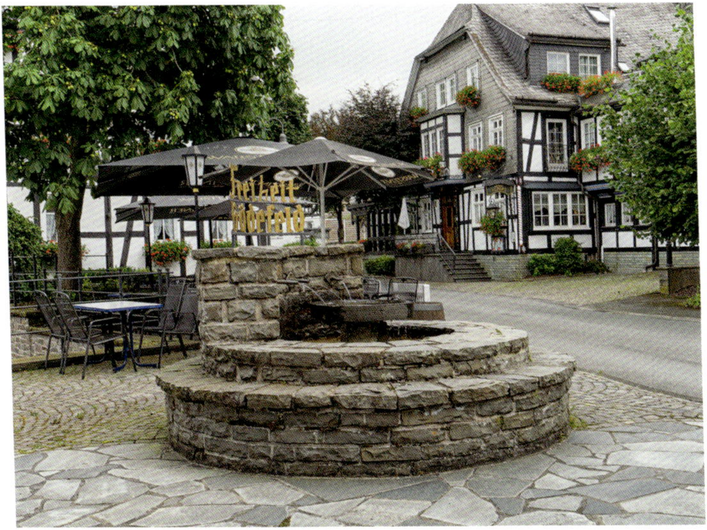

Ein Besuch der Kirche ist wegen der Schwarzen Hand faszinierend, um die sich gleich drei Legenden ranken.

Die Schwarze Hand wurde 1722 beim Neubau der Bödefelder Pfarrkirche gefunden. Sie war auf eigenartige Weise nicht verwest. Sie finden sie im Eingangsbereich rechts in einer im Mauerwerk eingelassenen Glasvitrine. Eine Legende erzählt von einem Mädchen, das nach seiner Mutter geschlagen habe, alsbald sei es gestorben. Die Hand der Leiche sei aus dem Grabe herausgekommen, was sogar wiederholt geschah, obwohl der Pfarrer die Hand immer wieder begrub. Letztlich schnitt er die Hand ab, als Warnung Gottes an alle Kinder zur Beachtung des vierten Gebots, nicht die Hand gegen die Eltern zu erheben. Ein Beleg für die Herkunft der Hand liegt allerdings nicht vor.

16 Auf dem Bergbauwanderweg rund um Ramsbeck

Tour nicht nur für Wanderer, die sich für Bergbau interessieren

Auf der Rundwanderung lernen Sie die Geschichte des Bergbaus in Ramsbeck nicht nur anhand der zahlreichen Informationspulte und -tafeln hautnah kennen, sondern sehen selbst in dunkle Stollen, schauen hinauf zur Spitze eines riesigen Kamins, dem Wahrzeichen von Ramsbeck, und wandern auf sicheren Wegen über die Willibald-Halde, bevor Sie zum Abschluss vielleicht bei einer Führung mit Grubenhelm und Schutzkleidung in das Besucherbergwerk einfahren.

Start/Ziel: Sauerländer Besucherbergwerk, Ramsbeck, GPS N 51°18.937‘ E 008°24.148‘

9,7 km

3 Std.

353 m/353 m

361-535 m

Bergbauwanderweg (schwarze Schrift und schwarzes Symbol auf weißem Schild)

überwiegend Waldwege, in Ramsbeck asphaltierte Straßen

Café Hamich (km 9,6)

Waldsofa am Waldrand (km 2,2), Hütte Alwine (km 4,9)

Für Kinder wird die Grubenbesichtigung ein kleines Abenteuer sein, doch auch die Attraktionen entlang des Bergbauwanderwegs sind erlebnisreich.

Die Wege sind meist befestigt und gut befahrbar.

Es geht über viele Schotterwege und asphaltierte Streckenabschnitte, besonders natürlich innerhalb des Ortes.

mit der Bahn bis Bestwig, von dort mit dem Bus Linie 471 bis Ramsbeck, Haltestelle direkt am Bergbaumuseum oder beim Gasthof Kleine, von dort 3 Min. bis zum Besucherbergwerk

kostenlose Parkplätze am Sauerländer Besucherbergwerk, GPS N 51°18.937‘ E 008°24.148‘

Das Besucherbergwerk ist auf jeden Fall eine Besichtigung wert.

Die Wanderung auf dem Bergbauwanderweg beginnen Sie am Sauerländer Besucherbergwerk. Am Eingang zum Erzbergwerk und zum Bergbaumuseum steht eine Übersichtskarte zum Weg, an der Sie die Rundwanderung starten. Sie wenden sich an der Straße nach links und gehen bis zum Eingangsportal, das Sie rechts im Hang entdecken. Hier finden Sie auch schon einen der Schaupunkte mit Informationspult vor, von denen Sie auf Ihrer Wanderrunde 40 aufspüren können.

Die Informationspulte und -tafeln geben an wichtigen Punkten leicht verständlich und fachkundig in Texten und mit Bildern umfassend Auskunft über Sachverhalte zum Bergbau, zu Stollen, Bauwerken wie dem als technisches Denkmal klassifizierten Rauchgaskamin

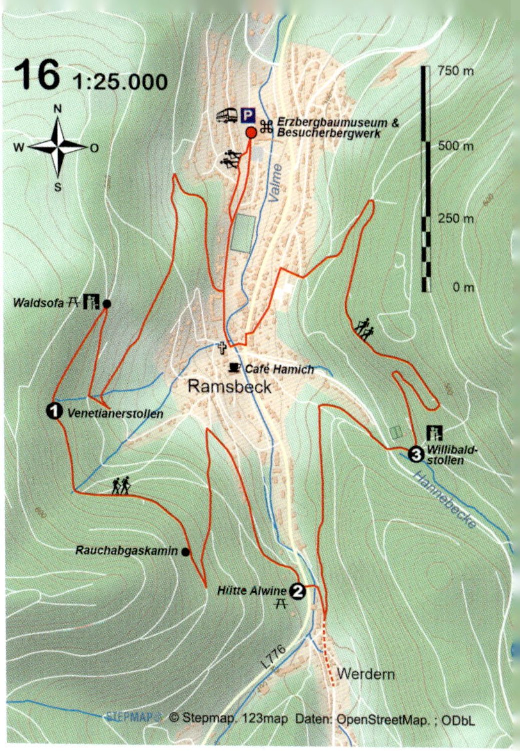

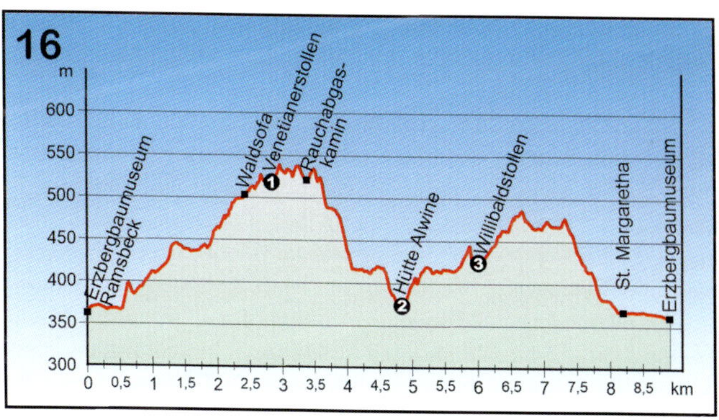

und Industrie- und Aufbereitungsanlagen. Außerdem informieren sie über besondere Örtlichkeiten wie die Bergmannssiedlung „Am Eickhagen", eine ehemalige Siedlung der Hüttenarbeiter, oder das ehemalige Krankenhaus St. Joseph, das zu den Betriebs- und Wohnanlagen der Bergwerksgesellschaft Stolberger Zink AG gehörte und im Jahr 1898 erbaut wurde.

Blick bei einem Informationspult über Ramsbeck

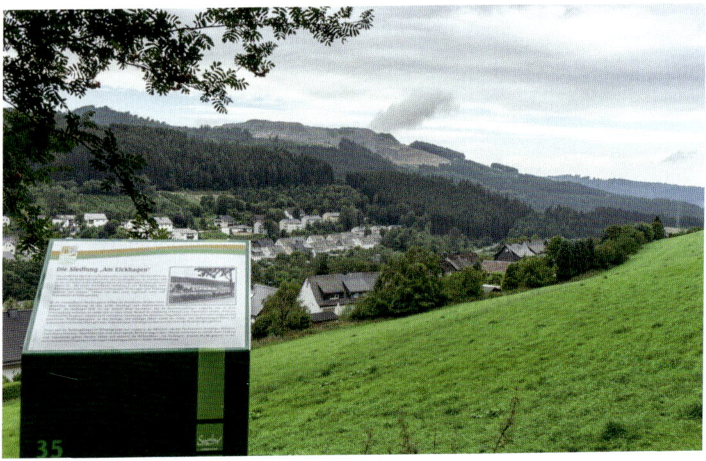

Sie gehen einige Schritte den Hang aufwärts, dann links in die Straße Am Eickhagen und bald weiter auf der Schulstraße. Rund 150 m nach dem Sportplatz geht es vor dem Schulgebäude rechts in den Hang hinein.

Auf geschottertem Weg gewinnen Sie rasch an Höhe, junger, aufstrebender Wald, Brombeerhecken und Büsche säumen die Strecke. An einer Weggabelung halten Sie sich links und genießen die ersten Aussichten über Ramsbeck. Bald tauchen Sie in ein Waldstück ein, schnuppern danach wieder den Duft der Wiesen und entdecken auf dem Dörnberg, der sich auf der Gegenseite über Ramsbeck erhebt, die große Halde Willibald der Grube „Vereinigter Bastenberg und Dörnberg".

Bald danach folgen Sie einer scharfen Rechtskurve bergan, 60 m weiter geht es erneut nach rechts und Sie legen weitere Meter bergauf zurück, um dann bei der folgenden Linkskurve Luft zu holen. Ein Waldsofa am Waldrand (km 2,2) lädt dazu ein, Sie strecken die Beine aus und gönnen sich beim Informationspult zu den Ziegenweiden der Ramsbecker Bergleute einige Blicke über das Umland.

Ramsbeck liegt im Tal der Valme. Von der Mitte des 19. Jh. bis weit ins 20. Jh. war der Ort – heute anerkannter Erholungsort – durch den Blei- und Zinkbergbau geprägt. Er blickt aber auf eine weit längere Geschichte zurück; vermutlich entstand Ramsbeck im 9. oder 10. Jh. Der Beginn des Bergbaus lässt sich durch wissenschaftliche Untersuchungen im Venetianerstollen auf das 10. oder 11. Jh. zurückführen, urkundlich belegt ist er seit 1518. 1854 wurden die Betriebsanlagen, Gruben und Hüttenwerke durch die Stolberger AG für Bergbau, Blei- und Zinkfabrikation ausgebaut, in 40 Gruben wurde gefördert. Trotzdem war eine wirtschaftliche Förderung nicht möglich. 1974 wurde der Bergbau sogar komplett eingestellt.

Fichtenwald mit moosbewachsenen Hängen umfängt Sie dann, bevor Sie mit dem Venetianerstollen ❶ eine erste Besonderheit auf der Wandertour erreichen. Der Stollen ist natürlich verschlossen, doch betätigen Sie den Lichtschalter und schauen Sie durch das Sicherungsgitter ins Innere des Tunnels, in dem seit dem 10. Jh. Bergbau betrieben und silberhaltiger Bleiglanz und Kupfer abgebaut wurden.

Jetzt reiht sich eine Attraktion an die andere. Als Nächstes wartet der Kamin der ehemaligen Blei- und Metallhütte mit Rauchgaskanal am 744 m hohen Bastenberg. Der Kamin steht unter Denkmalschutz und wurde nach der Stilllegung im Jahr 1907 das Wahrzeichen von Ramsbeck.

Rauchgaskanal am Bastenberg

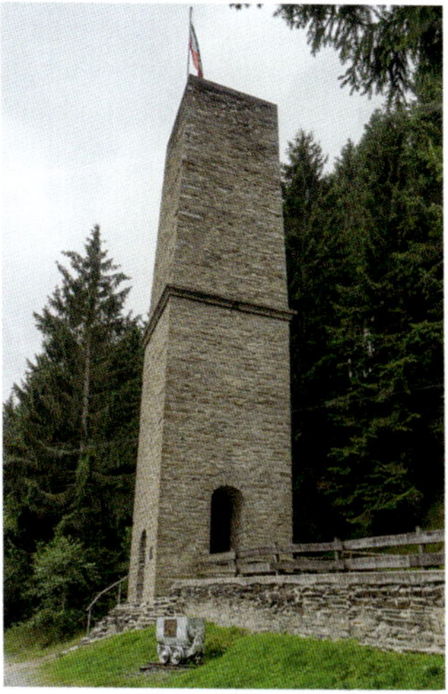

Nach weiteren Stationen folgen Sie einer scharfen Linkskurve den Berg hinab und wandern über weiche Wiesenwege bis zu den ersten Häusern des Ortes. Sie orientieren sich aber wieder nach rechts und gelangen zu einer gelungenen Mischung aus interessanten Punkten wie dem doppelzügigen Rauchgaskanal, mit dem die schädlichen Abgase durch den offen vor Ihnen liegenden gemauerten Kanal abgeleitet wurden. Gleich darauf stehen Sie vor dem Josephus-Stollen, in den Sie wieder dank der anschaltbaren Beleuchtung einen Blick hineinwerfen können. Die Hütte Alwine ❷ gleich dabei bietet sich als feiner Rastplatz an (km 4,9).

Von hier gelangen Sie zügig zur Heinrich-Lübke-Straße, die Sie bei der Brücke über die Valme queren. Sie folgen der Valmestraße vorbei an der sogenannten Wasserburg, die 1854 als Maschinenwerkstatt der Eisengießerei erbaut wurde.

100 m nach der Brücke führt Sie ein Weg links in den Hang hinein.

An dieser Stelle können Sie einen Abstecher zur früheren Siedlung der Hüttenarbeiter im Ortsteil Werdern einfügen. Dazu gehen Sie die Valmestraße weiter geradeaus, dann rechts über die Brücke zur Station 23. Sie können noch im Bogen an den Hüttenhäusern entlangwandern und zum Abzweig zurückkehren oder von hier direkt zurückgehen.

Im Hang gelangen Sie an der Bremsbergstation vorbei zur Straße Im Seifen, überqueren den Bach Hannebecke und orientieren sich links hinauf. Sie folgen dem gewundenen Weg an der Willibald-Halde ❸ aufwärts zum Standort der ehemaligen Erzaufbereitungsanlage mit zahlreichen Informationstafeln, einem Blick in einen Stollen und einer weiten Aussicht über den Bergbauort.

Von der Willibald-Halde gehen Sie den Dörnberg hangaufwärts, treffen auf einen quer verlaufenden Weg und schließen sich diesem nach links an. Sie gehen in Hanglage weiter und erreichen nach rund 900 m bei der Informationstafel 33 eine scharfe Linkskurve, der Sie bergab folgen. Sie kommen an eine Weggabelung, an der Sie sich weiterhin abwärts halten.

Bald betrachten Sie die Informationstafel 35 zur Siedlung „Am Eickhagen". Von dort erreichen Sie am Friedhof vorbei die August-Beule-Straße, halten sich links und gehen hinunter zur Heinrich-Lübke-Straße, die Sie an der Verkehrsinsel queren.

Sie können links zum Uferweg gehen und dort im Café Hamich einkehren.
Café Hamich, Uferweg 5, 59909 Bestwig-Ramsbeck, ☏ 029 05/203,
info@cafe-hamich.de, www.baeckerei-hamich.de, Mo-Fr 5:30-18:00,
Sa 6:00-18:00, So und Feiertage 8:00-18:00

Von dort wenden Sie sich nun in die Schulstraße und gehen diese entlang an der letzten Informationstafel zur katholischen Pfarrkirche St. Margaretha vorbei bis zum Besucherbergwerk.

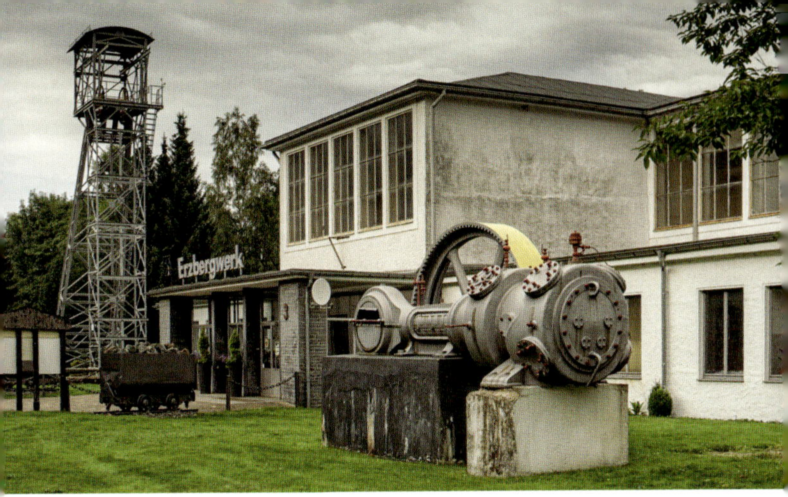

Am Besucherbergwerk

Das Erzbergwerk im Dörnberg verfügt über 12 Etagen. Bei einer Grubenfahrt können Sie, wie es sich gehört mit Grubenhelm und Schutzkleidung ausgestattet, mit der elektrischen Grubenbahn aus den 50er-Jahren 1.300 m weit und in 300 m Tiefe zu faszinierenden Stellen einfahren. Sie sehen die ehemals größte unterirdische Trommelfördermaschine und natürlich die Gerätschaften der Bergarbeiter. Das Bergbaumuseum befindet sich im ehemaligen Verwaltungs- und Kauengebäude. Dort sammeln Sie Eindrücke zu 1.000 Jahren Bergbaugeschichte in der Region, entdecken Bergbaumaschinen in der Maschinenhalle und werfen einen Blick in die Kaue, den Umkleide- und Waschraum der Bergleute.

⌘ Erzbergwerk Ramsbeck, Glück-Auf-Straße 3, 59909 Bestwig-Ramsbeck, ☏ 029 95/250, 💻 www.sauerlaender-besucherbergwerk.de, 🚪 Di-So 9:00-17:00, Mo geschlossen, letzte Einfahrt gegen 16:00, Eintrittspreise Museum und Besucherbergwerk: Kinder bis 16 Jahre € 6, Erwachsene € 9,50, Familienkarte (zwei Erwachsene und beliebig viele eigene Kinder) € 25, Eintrittspreise ohne Besucherbergwerk: Kinder bis 16 Jahre € 2, Erwachsene € 4

☺ ↳ Wenn Sie genügend Zeit haben, können Sie die Heinrich-Lübke-Straße in Richtung Werdern weiterwandern und die Informationspulte 39 oder 40 zum Krankenhaus und zur Erzverladung anschauen.

17 Winterwanderung über die Niedersfelder Hochheide

Tour für Familien mit Kindern und Winterfreunde

Hinein in die Winterschuhe und hinaus in die Winterlandschaft! Vorbei an der mit Schnee bedeckten Hochheide Hütte stapfen Sie durchs weiße Land über die Niedersfelder Heide, bewundern die Zweige und Äste, die der Schneelast standhalten, und erfreuen sich an wunderbaren Weitsichten über die winterweiße Landschaft. Vom Clemensberg erspähen Sie den Aussichtsturm auf dem Kahlen Asten und blicken tief hinab in den Diabassteinbruch weit unter Ihren Füßen, bevor Sie die Wanderrunde an der Hütte beenden.

Start/Ziel: Wanderparkplatz bei der Hochheide Hütte, GPS N 51°15.263' E 008°33.465'

3,5 km

1 Std. 15 Min.

69 m/69 m

Aussicht bei der Hochheide Hütte

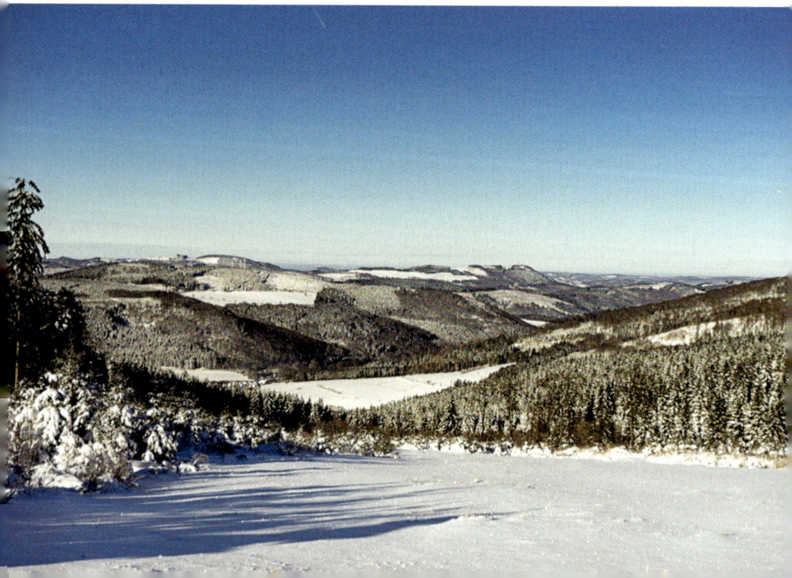

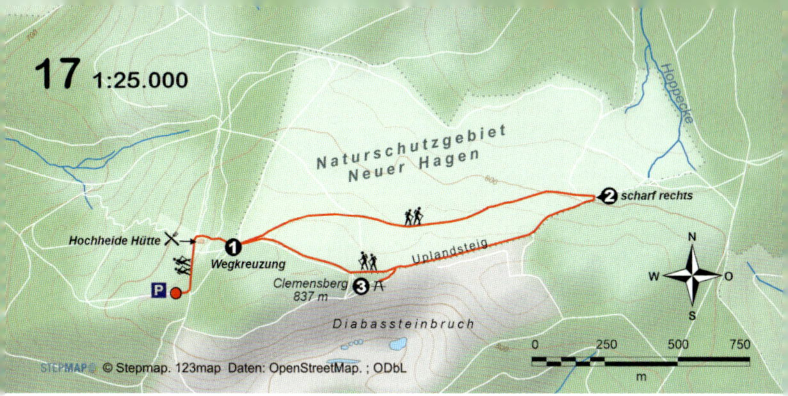

⇧ 790-837 m

✎ keine durchgehende Markierung

Ⓟ gut ausgebaute Wanderwege, im Winter gewalzt

✕ Hochheide Hütte (km 0,2)

Rastbänke auf dem Clemensberg (km 0,9)

Kinder und Schnee – was gibt es Schöneres. Der Weg stellt keine Ansprüche an die Wanderfähigkeiten.

Die Wege sind gespurt und mit Buggy gut befahrbar.

Auch für Hunde ist die Tour im Schnee sicher ein Erlebnis.

mit öffentlichen Verkehrsmitteln nicht erreichbar

P Wanderparkplatz bei der Hochheide Hütte, GPS N 51°15.263‘ E 008°33.465‘

Vom Wanderparkplatz orientieren Sie sich bergan zum Naturschutzgebiet Neuer Hagen. Sie genießen bereits die ersten Aussichten über die schneebedeckten Höhen des Sauerlands und passieren die Terrasse der Hochheide Hütte.

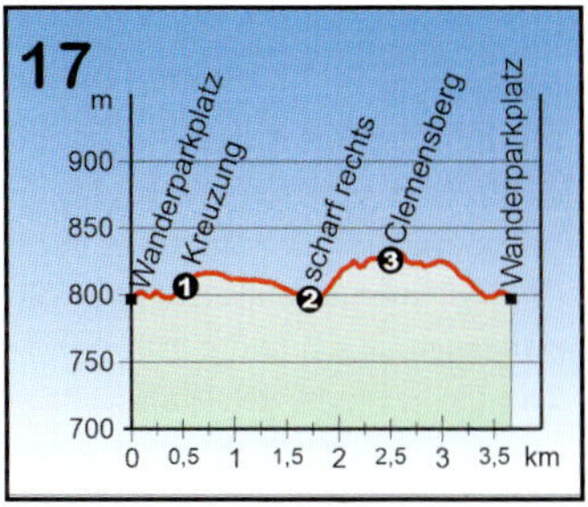

✕ Hochheide Hütte, Auf der Knippe 100,
59955 Winterberg-Niedersfeld,
☎ 029 85/325 03 83,
info@hochheidehuette-niedersfeld.de,
www.hochheidehuette-niedersfeld.de,
11:00 bis zum Anbruch der Dämmerung, Mi geschlossen

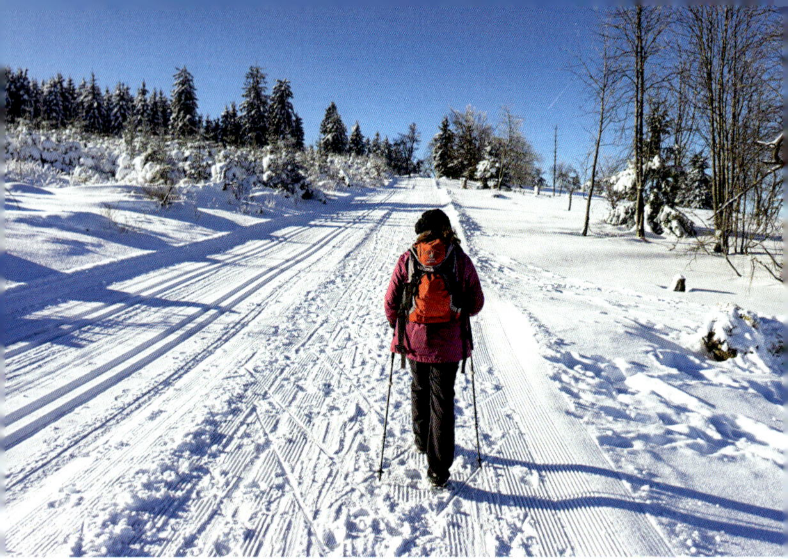

Wandern neben der Spur

An der Hütte wandern Sie links vorbei. Sie folgen der schneeweißen Spur leicht den Hang aufwärts und überschreiten vorsichtig die gespurten Langlaufloipen. An einer Wegkreuzung ❶ orientieren Sie sich nach links, 100 m darauf an der Weggabelung wiederum nach links. An dieser Stelle wird sich die Wanderrunde später schließen.

Während Sie gemächlich durch die winterweiße Landschaft stiefeln, können Sie Ihre Blicke über die sanften Hügel und Hänge des Sauerlands und hinunter in die Tallandschaft der Hoppecke und der kleinen Quellbäche, die sie mit Wasser nähren, schweifen lassen.

An einer weiteren Wegkreuzung gehen Sie geradeaus weiter, 800 m danach halten Sie sich an der Wegkreuzung scharf rechts ❷. Am Schutzzaun zum Diabassteinbruch entlang stapfen Sie bis zum kurzen Aufstieg zum Clemensberg, erklimmen diesen und genießen bei den ⛼ Rastbänken (km 0,9) die Aussichten über die Winterberger Hochfläche.

Der Clemensberg ❸ reckt sich 837 m in die Höhe und gehört damit zu den höchsten Bergen des Sauerlands.

Wie die anderen Erhebungen auch besteht der Clemensberg aus Diabas, einem Basalt-Felsgestein, das wegen seiner Färbung auch Grünstein genannt wird.

Der eindrucksvolle Steinbruch, in den Sie von der Anhöhe hinunterschauen können, gehört zur Mitteldeutschen Hartstein-Industrie und produziert neben Asphalt auch Transportbeton.

Auf dem Clemensberg, dessen früherer Name „die Steinert" lautete, breitet sich das Naturschutzgebiet Hoher Hagen oder Niedersfelder Hochheide aus, eine Hochheidelandschaft, zu der auch die Hoppeckequelle zählt. Ursprünglich war der Berg 839 m hoch, durch den Diabasabbau verlor er aber rund 2 m an Höhe. Auf dem Gipfel sehen Sie das Gipfelkreuz. Hier verläuft auch die Wasserscheide zwischen Rhein und Weser. Weil der Clemensberg fast waldlos ist, sind besonders die Aussichten nach Südwesten bis zum Rothaarkamm grandios; so ist der Aussichtsturm auf dem Kahlen Asten sichtbar.

Schaufenster mit Aussicht auf dem Clemensberg

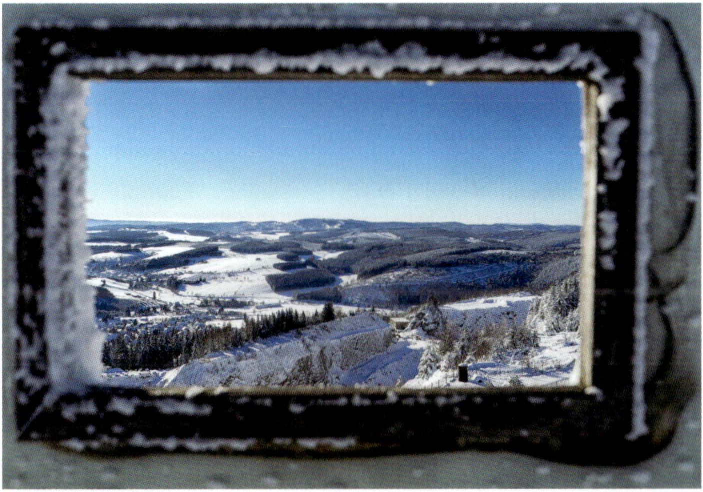

Sie steigen das kurze Wegstück vom Clemensberg wieder hinab zum Wanderweg und gelangen nach rund 300 m wieder an die Weggabelung vom Beginn dieser schönen Wanderrunde. Von hier aus nehmen Sie den bekannten Weg an der Hochheide Hütte vorbei zum Wanderparkplatz – falls Sie nicht vorher in der heimeligen Hütte einkehren.

18 Nicht nur für Kinder – der Waldfeenpfad bei Brilon

Tour für Familien mit wissbegierigen Kindern

Gespickt mit neun Erlebnisstationen führt der interaktive Waldfeenpfad rund um den Hängeberg durch das vom Orkan Kyrill im Jahr 2007 durcheinandergewirbelte Waldreich der Briloner Waldfee. Auf Hängematten die Beine ausstrecken, Fuchs und Wildschwein als Figuren im Dickicht entdecken, durch metallene Röhren die Landschaft erkunden und dem Xylofon Klänge entlocken – Kinder haben ihre helle Freude an diesem Weg.

- Start/Ziel: Wanderparkplatz an der L870, GPS N 51°22.667' E 008°35.394'
- 3,1 km
- 1 Std.
- 43 m/43 m
- 483-524 m
- Waldfeenpfad (grüne Schrift auf weißem Schild mit gemalter Waldfee)
- gut begehbare Wege
- Landgasthof Gruß (km 0)
- Hängematten und Rastplatz (km 1,8)
- Kinder haben auf dem Waldfeenpfad zum Mitmachen viel Spaß.
- Ein kurzer verwurzelter Pfad kann leicht umgangen werden.
- Trinkmöglichkeiten bestehen keine, aber Hunde werden sich hier wohlfühlen.
- ab Brilon Bahnhof mit dem RegioBus R91 Richtung Marsberg, bis „Gudenhagen Gasthof Gruß", stündlich
- P Wanderparkplatz an der L870 beim Landgasthof Gruß, GPS N 51°22.667' E 008°35.394'

Folgt der Waldfee!

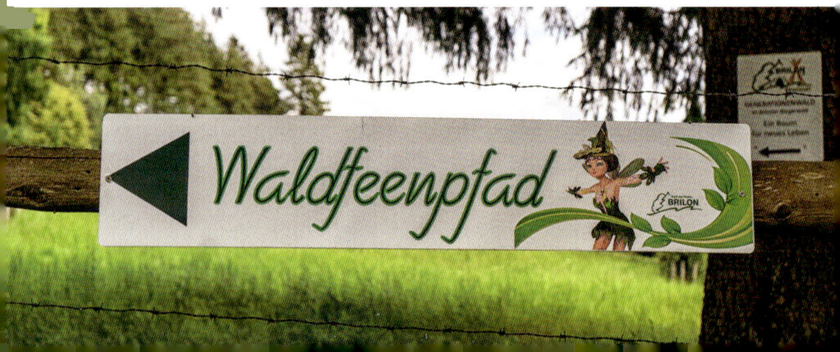

Sie beginnen die Wandertour auf dem Waldfeenpfad beim Parkplatz mit den großen Informationstafeln an der L870, überqueren diese umsichtig und setzen den Weg rechts am Landgasthof Gruß vorbei fort.

✕ Landgasthof Gruß, Am Hängeberg 1, 59929 Brilon, ☏ 029 61/22 26, info@landgasthof-gruss.de, www.landgasthof-gruss.de, Mo, Di und Mi 14:00-21:00 Uhr, Fr, Sa und So 11:00-21:00 Uhr, Do geschlossen

An der Weggabelung nach 200 m halten Sie sich links. 300 m weiter bereits erreichen Sie den Startpunkt zum Waldfeenpfad. Sie werden diesen im Uhrzeigersinn rund um den Hängeberg erwandern.

Neun abwechslungsreiche, kreative und spannende Stationen erwarten die Wanderer von Jung bis Alt und vermitteln einen schönen Einblick in den Lebensraum Wald. Gemeinsam streifen Sie durch Vergangenheit, Gegenwart und Zukunft der grünen Natur.

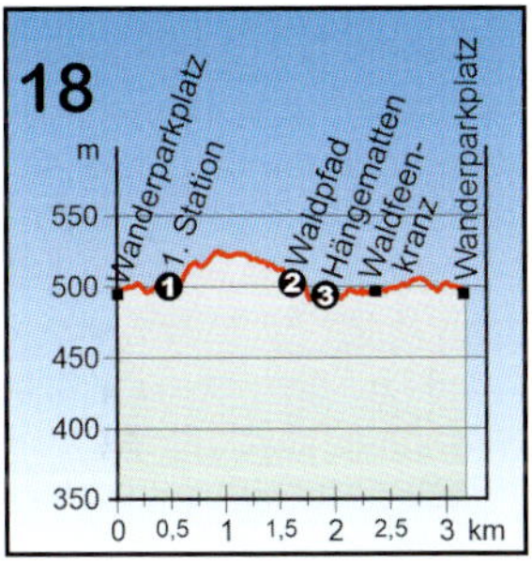

Gleich an dieser Abzweigung entdecken Sie die erste Station „Stürmische Zeiten" ❶. Kyrill spielte im Jahr 2007 Mikado mit den Bäumen und den Briloner Stadtwald traf es heftig. Wie riesige Mikadostäbe liegen Fichtenstämme hier kreuz und quer übereinander.

Die nächste Station beschäftigt sich dann mit dem Waldboden und „Unter unseren Füßen tut sich was", denn der Waldboden lebt.

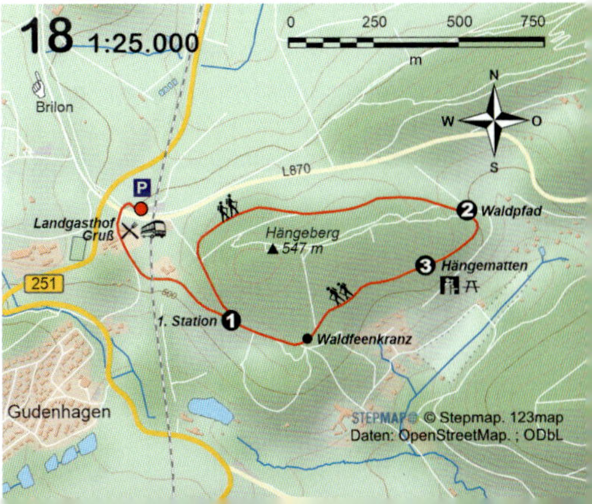

Der geschotterte Weg präsentiert fast pausenlos weite Aussichten über die Felder und Wiesen des östlichen Sauerlands. Die Stationen liegen in vorteilhaften Abständen zueinander und die Wanderpassagen dazwischen können zur Plauderei und zum Meinungsaustausch mit dem Nachwuchs über das Erlebte genutzt werden.

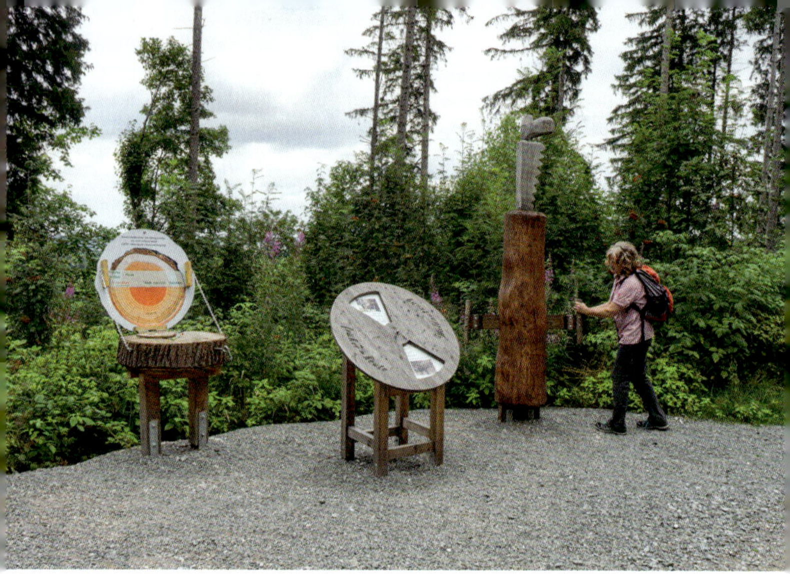

Sägearbeiten

Weitere Stationen beschäftigen sich mit dem Thema „Wald hat Geschichte", was durch die Baumscheibe einer 145 Jahre alten Eiche wunderbar dargestellt wird, auf der jeder sein Geburtsjahr entdecken kann, oder präsentieren kleine Fernrohre, durch die Sie einen Blick auf gewaltige Steinbrüche werfen können. Vielleicht trommeln Sie gleich daneben mit Holzstöcken auf Steinplatten oder stecken den Kopf in eine Steinhöhle.

Station 5 erzählt von der Zukunft des Waldes und präsentiert Buche, Eiche oder Esche. An einem Xylofon erzeugen Sie Ihre eigene Musik.

An der Station 6 dürfen Sie klettern, nämlich auf den hölzernen Aussichtsturm, und durch metallene Fernrohre mit etwas Glück Eichhörnchen oder andere flinke kleine Tiere im Wald aufstöbern.

Weiter wandern Sie am Wald mit seinen Birken, Eschen und Holunderbüschen entlang, bis Sie einen engen Pfad entdecken, der Sie rechts tief in den Wald hineinführt ❷.

Mit Buggy ist der Pfad durch den Wald nicht begehbar, sodass Sie das kurze Wegstück um das kleine Waldareal nehmen. Dazu wenden Sie sich an der nächsten Weggabelung einfach nach rechts und wandern wie gewohnt auf dem Waldfeenpfad. Bald darauf gesellen sich die Pfadwanderer aus dem Wäldchen heraus wieder zu Ihnen.

Am Waldfeenkranz

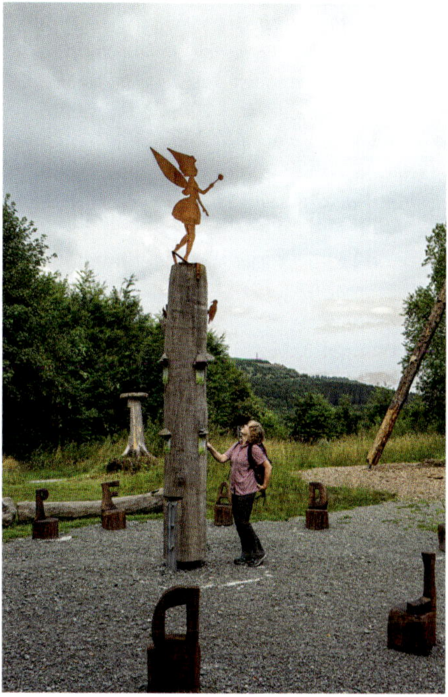

Wer den Pfad erkundet, wird im dunklen Walddickicht zwischen Farnen und Kräuterpflanzen Wildschweine, Rehe und einen Fuchs entdecken – anschaulich aus Metall gestaltet.

Zurück im Tageslicht halten Sie sich rechts und erleben bald Entspannung pur, sobald Sie in den hölzernen Hängematten (km 1,8,) ❸ mit schönem Blick über die Sauerlandhöhen Ihre Beine ausstrecken. Oder Sie schaukeln sachte im Wind und schauen den Wolken am Himmel beim Wandern zu ...

Derart entspannt fliegen die letzten Meter nur so unter den Füßen weg. Doch die Station „Holz – ein nachhaltiger Rohstoff" wartet noch. Und mehr, denn auf dem großen Waldfeenkranz steht, umringt von hölzernen Buchstabenhockern, die Waldfee auf ihrem Holzstammthron. Vielleicht winken Sie ihr noch zum Abschied zu, denn die weiteren Schritte führen Sie mit schönen Aussichten über die Briloner Wälder unumgänglich zurück zur Weggabelung an Station 1.

Und spätestens dort heißt es Abschied nehmen von der Waldfee und ihrem geheimnisvollen Pfad. Die letzten Meter zum Parkplatz führen natürlich über die bekannte Route vom Hinweg.

⑲ Olsbergbergsteig und Rosenring bei Assinghausen

Tour für Rosenfreunde und Menschen mit Weitblick

Sie wandern durch das malerische Rosendorf Assinghausen, erfrischen sich an zwei sprudelnden Quellen, erklimmen den Olsberg und belohnen sich mit famosen Fernsichten. Beim Abstieg schauen Sie hinüber zu den Bruchhauser Steinen und erspähen mit etwas Glück Gleitschirmflieger bei ihren Segeltouren, schauen in Bruchhausen in einen Rosengarten und wandern entlang von sattgrünen Wiesen und Weiden zurück nach Assinghausen, wo fein herausgeputzte Fachwerkhäuser mit Rosensträuchern und ein kleiner Kräutergarten auf Sie warten.

- Start/Ziel: Wandertafel Assinghausen, Bruchhauser Straße/Grimmestraße (Nähe Kirche), GPS N 51°18.351' E 008°30.230'
- 17,2 km
- 5 Std. 30 Min.
- ↑↓ 549 m/549 m
- 373-703 m
- A3 Assinghauser Olsberg-Gipfelsteig (weißes Zeichen auf schwarzem Grund), Golddorf-Route Rosenring (weiße und grüne Zeichen auf rosafarbenem Grund)
- Waldwege, asphaltierte Straßen in Assinghausen, schmale Pfade beim Olsberg
- Gasthof Kettler (km 0), Gutscafé im Gutshof Schloss Bruchhausen (km 12,2)
- Rastbank an Ännchens Quelle (km 4,9), Rastbank auf dem Olsberg (km 6,2), Rastplatz mit Bruchhauser-Steine-Blick (km 8,2), Schutzhütte an der Kneippanlage (km 16,4)
- Es ist eine anstrengende Tour, weshalb nur sehr wandererfahrene Kinder mitgehen sollten.
- Einige Passagen beim Anstieg zum Olsberg sind für Buggys schlecht passierbar.
- In den Ortschaften immer asphaltierte Streckenabschnitte. Trinkmöglichkeiten bestehen bei den beiden Quellen im Anstieg zum Olsberg und an der Schirmecke kurz vor dem Ende der Wanderung.
- mit der S30 von Brilon und Olsberg Richtung Medebach, Haltestelle „Assinghausen-An der Schirmecke", stündlich, Sa zweimal vormittags, So einmal vormittags
- P Ortsmitte Assinghausen, beispielsweise Parkbuchten in der Straße zum Küsterland, GPS N 51°18.285' E 008°30.298'
- ☺ Die Broschüre „Rosenwege Assinghausen" stellt den Rosenweg mit seinen vier Spazierwegen in Assinghausen vor und informiert über Besonderheiten rund um die

Rose. Sie erhalten die Broschüre kostenlos bei der Olsberg-Touristik im „Haus des Gastes“ (Ruhrstraße 32, 59939 Olsberg, ☏ 029 62/973 70, 💻 olsberg-touristik.de) oder im Broschürenkasten an der Wandertafel am Grimme-Denkmal. 130 Rosensorten sind in den vielen Beeten mit Namensschildern versehen, sodass der Interessierte sich nicht nur dem wunderbaren Anblick widmen, sondern auch sein Rosenwissen auffrischen kann.

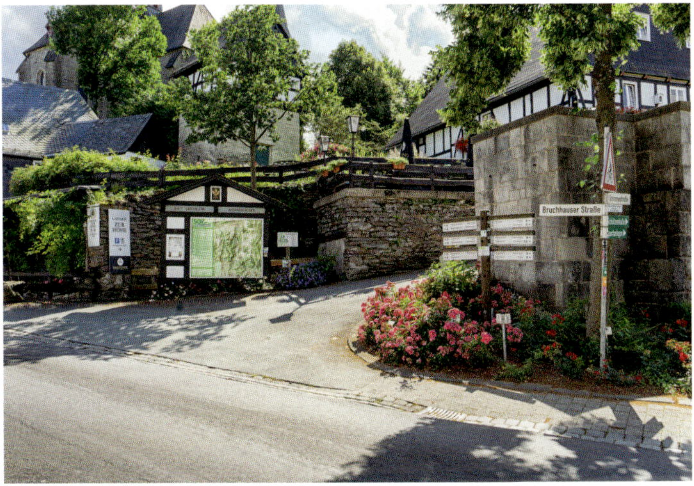

Start und Ziel nahe beim Grimme-Denkmal

Sie starten Ihre Rundwanderung auf den Olsberg am Grimme-Denkmal bei der Wandertafel des SGV Assinghausen. Von dort wenden Sie sich auf dem Rundweg A3 links beim Gasthof Kettler in die Grimmestraße und folgen dieser rund 500 m, bis Sie rechts in die Straße Vockelied schwenken.

✕ Gasthof Kettler, Bruchhauser Straße 1, 59939 Olsberg, ☏ 029 62/25 43, kettler-olsberg@t-online.de, 💻 www.kettler-assinghausen.de, Mo, Do-So 12:00-22:00, Di und Mi geschlossen, warme Küche Mo-Do und So 12:00-20:00, Fr und Sa 12:00-21:00

200 m darauf halten Sie sich an der Weggabelung links und wandern nun abwechselnd auf grasbewachsenen Pfaden und befestigten Wegen 1 km an der

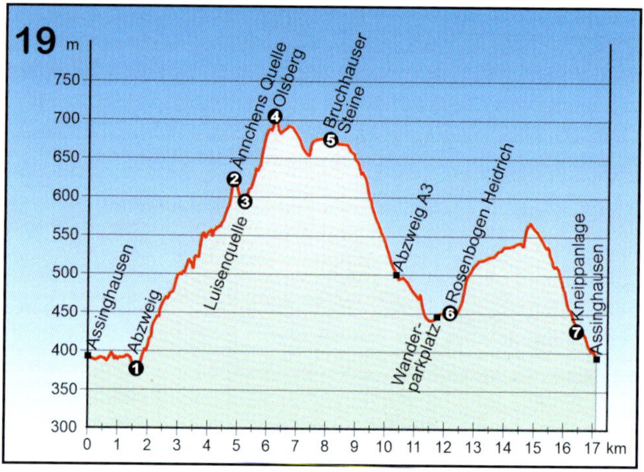

stark befahrenen B480 entlang, entfernen sich aber stetig vom Verkehrslärm, wenn Sie sich scharf rechts ❶ in den Hang orientieren und zum ersten Mal für die nächsten 500 m deutlich ansteigen. Den zweiten Abzweig nehmen Sie nach links und halten sich nun auf dem Hauptweg, erst durch Nadelwald, bald aber mit dem offenen Blick ins Ruhrtal.

Sobald der Waldweg an Höhe gewinnt, gehen Sie an einer Weggabelung erst 20 m links, dann sofort rechts in den Hang hinein. 150 m stramm aufwärts gelangen Sie zur Ännchens Quelle ❷, einem malerischen Rastplatz mit Aussicht an einem leise rinnenden Bächlein (km 4,9).

Sie drehen sich um und gehen 50 m weit den verwurzelten Weg wieder hinunter, entdecken rechts den Wegweiser A3 und folgen ihm nahe zwischen den Buchen bis zu einem breiteren Waldweg, dem Sie sich nach rechts anschließen.

Wenig mehr als 200 m und die Kraxelei beginnt erneut. Rechts hinauf steigen Sie in den Hang, schöpfen an der Luisenquelle ❸ kurz Atem und erfrischen sich vielleicht an der Tretstelle, die zum Olsberger Kneippweg gehört, im kühlen Nass die Füße.

Bald queren Sie mehrmals Waldwege, steigen aber immer weiter auf dem Pfad den Olsberg ❹ hinauf, bis der dichte Wald einer Windwurffläche mit dicht stehenden Ginsterbüschen, Brombeerhecken und Jungwald weicht. Für Sie eröffnen sich nun erste weite Blicke über die Landschaft, was sich noch steigert, sobald

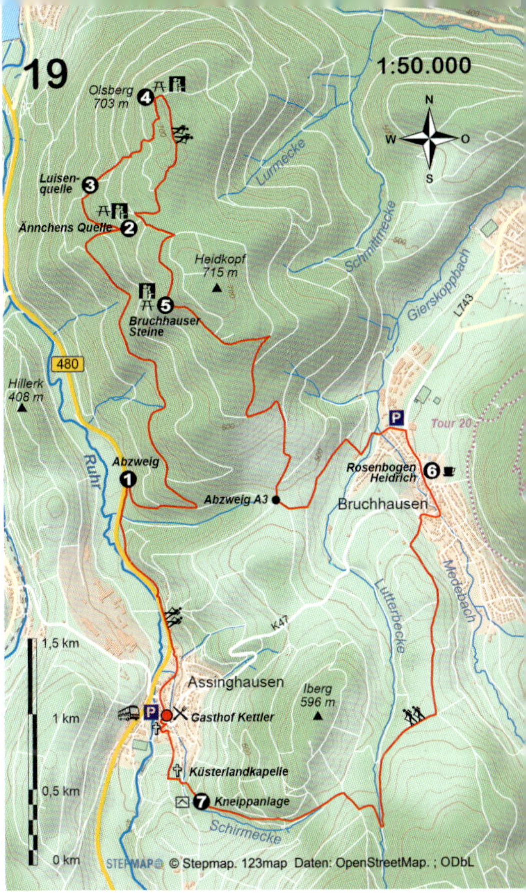

Sie den Gipfel des 703 m hohen Olsbergs mit dem Gipfelkreuz erreichen. Der Olsberg ist ein Nordausläufer des Heidkopfs, den Sie später noch umwandern werden. Die Rastbank (km 6,2) lädt zu einer Pause ein und Sie nehmen sicher dankend an, allein schon, um die fabelhafte Sicht über Olsberg mit seinen aus der Höhe wie Miniaturhäuser ausschauenden Gebäuden und das weite Umland zu genießen.

Auf einem befestigten Weg wandern Sie mit A3 am Sender Olsberg des WDR vorbei. An der folgenden Weggabelung nach 200 m orientieren Sie sich nach links und gelangen in einem weiten Bogen an eine Wegkreuzung oberhalb der Ännchenquelle, an der Sie sich nach links wenden und nun 300 m zwischen jungen Bäumen wandern. An der nächsten Wegkreuzung, an der die Wegmarkierung fehlt, halten Sie sich scharf rechts und wandern mit wunderbaren Ausblicken über die Berge an der Hangkante entlang. Bestimmt fühlen Sie sich bemüßigt, sich an Tisch und Bank mit schöner Aussicht – auch hinüber zu den Bruchhauser Steinen ❺ – niederzulassen (km 8,2), und lassen sich kühlen Wind um die Ohren wehen, bevor Sie sich aufrappeln und weiter sanft hinab laufen.

Nach rund 1,5 km treffen Sie auf eine Weggabelung, an der Sie nach rechts gehen. Zwischendurch warten Rastbänke auf Sie, damit Sie nur ja nicht die

Aussichten auf die Bruchhauser Steine verpassen. Nach einigen Wegschlenkern gelangen Sie zwischen den sich weit ausbreitenden Feldern und Wiesen an eine Weggabelung, an der Sie sich von A3 trennen. Sie folgen nun der Golddorf-Route Rosenring (weiße und grüne Zeichen auf rosafarbenem Grund) nach links in Richtung Bruchhausen. Der Feldweg über die Hochfläche ist gesäumt von wilden Rosen, doch dürfen Sie bei aller Begeisterung nicht den schmalen Grasweg vor dem Aussiedlerhof rechts hinunter nach Bruchhausen übersehen. Von diesem gelangen Sie über die Straße Lutterbecke am Wanderparkplatz vorbei zur Hochsauerlandstraße, wenden sich nach rechts und können im Gutscafé des Gutshofs Schloss Bruchhausen einkehren und das Rose-Cottage bewundern ❻.

Rosenbogen Heidrich im Gutshof Schloss Bruchhausen, Gaugreben´scher Weg 1, 59939 Olsberg, ☏ 029 62/88 08 12 oder 52 36, info@rosenbogen-heidrich.de, www.rosenbogen-heidrich.de, Gutscafé und Rose-Cottage: April-Okt tägl. 11:00-18:00, Nov Mi-So 13:00-18:00, Dez-März Fr-So 14:00-17:30, Eintrittspreise Blütengarten 2022: Mai-Mitte Juni € 2, Mitte Juni-Mitte Aug € 4, Mitte Aug-Sep € 3, Kinder bis 14 Jahre frei

Sie spazieren durch das malerische Dorf mit seinen typischen, mit Rosensträuchern geschmückten Fachwerkhäusern, weichen in einer Kurve links in die Straße Am kleinen Berg ab und wählen 50 m weiter den grasbewachsenen Pfad, der Sie zügig weiter aufwärts bringt. Auf dem nun asphaltierten Weg beim Kleineberg halten Sie sich links und vergnügen sich auf dem nächsten Kilometer ebenso wie die Rinder auf den Weiden an den Aussichten auf die Bruchhauser Steine. Und mit etwas Glück sehen Sie nahe beim Istenberg und rechts von den Bruchhauser Steinen wagemutige Gleitschirmflieger ins Tal schweben.

An der folgenden Weggabelung wandern Sie rechts weiter und erreichen bald das stille Tal der Lutterbecke. Sie folgen einer scharfen Rechtskehre, gewinnen langsam an Höhe und erblicken, sobald Sie den Wald hinter sich gelassen haben, auf dem Iberg den Strüker Stein, den kleinen Bruder der Bruchhauser Steine. Diesen lassen Sie aber rechts auf der Höhe liegen und wenden sich stattdessen links hinab zur Schirmecke, einem munteren Bach, dem Sie nun auf dem Kreuzweg bis zur Küsterlandkapelle in Assinghausen folgen. Zwischendurch können Sie noch einen Abstecher zur sehenswerten Kneippanlage ❼ einlegen, eine Schutzhütte befindet sich zudem nahebei (km 16,4).

Sie wandern im kleinen Park an der Ölberggrotte entlang und betrachten den Froschbrunnen und die ✝ Küsterlandkapelle. Die Kapelle entstand vor einigen

Jahrhunderten als Fuhrmannskapelle und beherbergt eine Pietà aus der Zeit um 1500. Sie bewältigen einen letzten kurzen Anstieg auf grasbewachsenem Pfad hinauf zur Anhöhe, die das Schirmecketal vom breiten Ruhrtal trennt, und wandern dann rechts den Brunnenweg hinunter zur Kirche. An dieser schlendern Sie linksherum und kommen zum ältesten Gebäude von Olsberg, dem Reisen-Speicher aus dem Jahr 1556, der vermutlich als Zehntspeicher diente. Eingebettet ist das alte Gebäude in den schönen Romantikgarten, der vom Rosenverein angelegt wurde und Kletter-, Beet- und Stammrosen zeigt. Seit dem Jahr 1998 hat die Rosenbegeisterung das Dorf fest im Griff, seit 2007 gehört Assinghausen zu der kleinen Zahl an „Rosendörfern" in Deutschland. Zahlreiche historische Rosen, die sich durch einen intensiven Duft auszeichnen und deren Blätter auch zur Herstellung von Gelee oder Seifen verwendet werden, zählen zum Bestand im Romantikgarten. Ein paar Schritte davon entfernt betrachten Sie noch das Klostergärtchen am Schwesternhaus der Franziskanerinnen, ebenfalls mit einer ganzen Reihe von historischen Rosen wie der „Alten Apothekerrose", aber auch mit einer großen Zahl heimischer Kräuter. Dann erst steigen Sie eine Steintreppe hinab zum Grimme-Denkmal und damit zu Ihrem Zielpunkt.

Stiller Beobachter vor den Bruchhauser Steinen

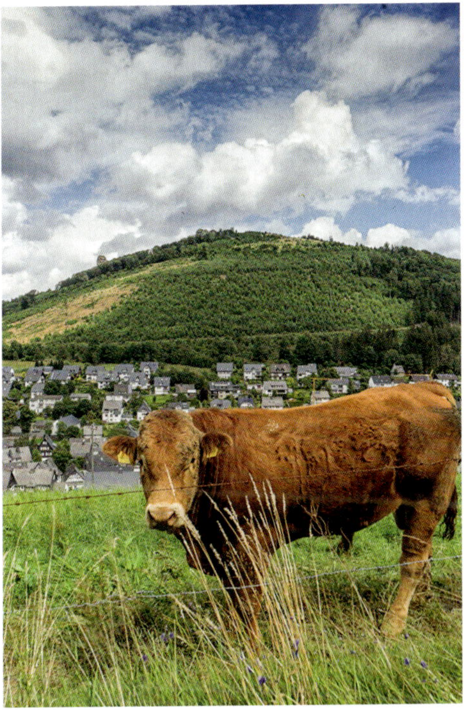

⑳ Über den Ginsterkopf und zu den Bruchhauser Steinen

Tour für wanderfreudige Familien

Von der Feuereiche erklimmen Sie den Ginsterkopf und den Habberg, verschnaufen auf einem gemütlichen Rastplatz und wandern durch ruhige Waldpassagen und vorbei an Brilon-Wald zum malerischen Silbersee (Schmalahtalsperre). Dann wandern Sie um den Istenberg, entdecken mit Glück die Gleitschirmflieger und steigen hinauf zu den Bruchhauser Steinen. Mit etwas Mut und Klettergeschick erklimmen Sie den Feldstein und lassen Ihre Augen sich sattsehen, bevor Sie die letzten Meter zur Feuereiche zurücklegen.

Start/Ziel: bei der Feuereiche, GPS N 51°19.753' E 008°33.900'

18,7 km

5 Std.

642 m/642 m

472-718 m

Rothaarsteig (liegendes weißes R auf rotem Grund), BW1, BW3, BW2, B1 (jeweils schwarze Schrift auf weißem Grund), „Olsberg – Brilon-Wald – Willingen – Bruchhausen – Olsberg" (weiße Raute und Ziffer 2 auf schwarzem Grund)

Meist gut begehbare Waldwege, schmale Pfade bei den Anstiegen, felsiges Gelände bei den Bruchhauser Steinen

Stehcafeteria beim Info- und Service-Center an den Bruchhauser Steinen

Waldsofa mit Blick auf die Bruchhauser Steine (km 0,8), Rastplatz mit Schutzhütte (km 2,9), Rastplatz am Silbersee (km 8), Rastplatz am Feldstein (km 14,7)

Eine wirklich schwere Wanderung für Kinder und nur zu empfehlen, wenn sie anstrengende und lange Strecken gehen können. Die Teilrouten dagegen sind für wandererprobte Kinder gut zu schaffen.

Wegen der Pfade auf den Ginsterkopf, den Habberg und zu den Bruchhauser Steinen ist der Weg zum Wandern mit Buggy nicht empfehlenswert.

Am Silbersee lockt Wasser zum Trinken, ansonsten muss natürlich welches mitgenommen werden. Asphaltierte Wege herrschen bei Brilon-Wald vor.

Bus R31 von Olsberg nach „Bruchhausen Kirche", Einstieg in die Rundtour dann bei den Bruchhauser Steinen, stündlich, Sonn- u. Feiertage eine Fahrt vormittags

P direkt an der L743 angelegter Parkplatz bei der Feuereiche, GPS N 51°19.736' E 008°33.866'

☺ Die lange und anstrengende Rundwanderung kann in zwei Strecken geteilt werden, der Start erfolgt jeweils an der Feuereiche.

Sie beginnen Ihre Wanderung am Wanderportal Feuereiche. Vom Parkplatz gehen Sie dazu die wenigen Schritte zur Erhebung. Dort finden Sie nicht nur das Portal vor, sondern umrahmt von Rastbänken auch die rund 10 m hohe Feuereiche, die von Bildhauer Jürgen Suberg aus Elleringhausen geschaffen wurde. Ein bronzenes Feuerband schlingt sich um den Stamm und endet in metallisch glänzenden Blechen aus Titan. An Schaukästen rund um die Feuereiche erfahren Sie mehr über deren Hintergründe.

Danach gelangen Sie zu einer Weggabelung, an der Sie sich rechts halten. 90 m weiter entdecken Sie linker Hand einen steinigen schmalen Pfad, der noch nicht ausgeschildert ist. Er bringt Sie mit schönen Aussichten hinüber zu den Bruchhauser Steinen zügig hinauf. Auf der Anhöhe laufen mehrere Wege zusammen. Sie gehen nun mit dem Rothaarsteig zwischen Fichten rund 400 m auf verwurzeltem, später auch steinigem Pfad steil bergan und erreichen die Südkuppe des Ginsterkopfs. Diese trägt keinen eigenen Namen, ist dafür aber mit 663 m sogar noch 2 m höher als der eigentliche Ginsterkopf.

Rast auf der Südkuppe des Ginsterkopfs

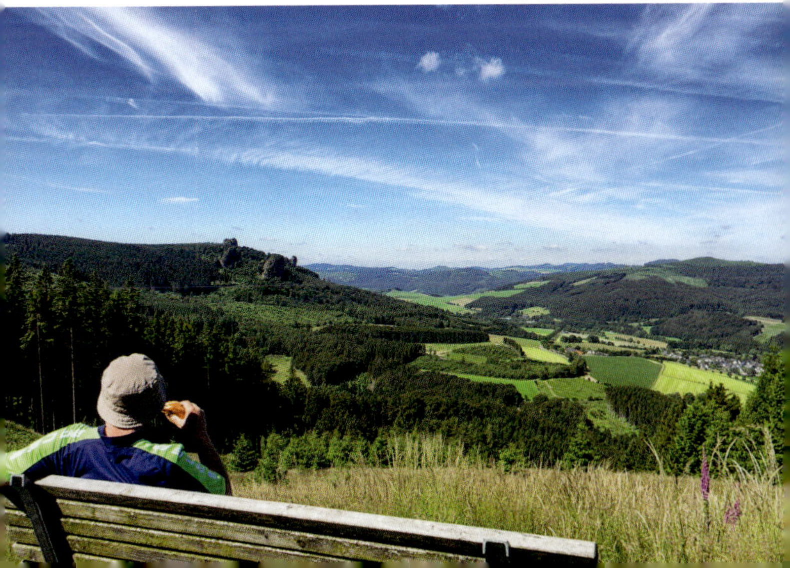

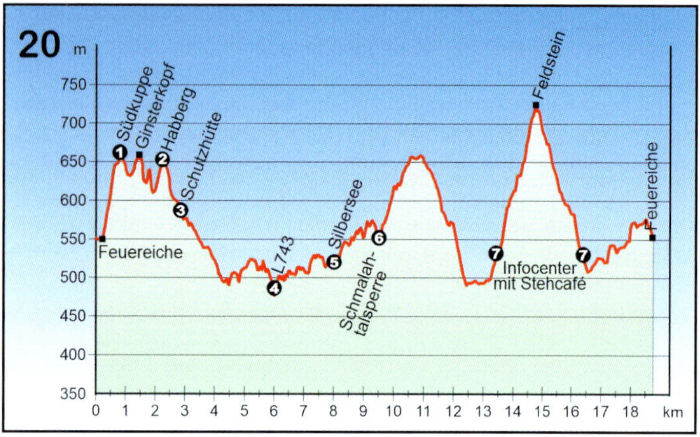

Von einem ⛼ Waldsofa (km 0,8) ❶ genießen Sie die Ausblicke hinüber zu den Bruchhauser Steinen, bevor Sie sich wieder an den nicht minder steinigen Abstieg machen. Trittsicherheit ist gefordert.

Nach dem Abstieg kommt der Aufstieg, der Sie nun auf den eigentlichen Ginsterkopf trägt, von dem Sie die nächste formidable Aussicht genießen. Und wieder geht es den Berg hinunter, erneut über felsiges und verwurzeltes Gelände, bei dem Sie sich an manchen Stellen am besten selbst den sichersten Weg abwärts suchen.

Kurzes Verschnaufen ist in der Senke zwischen den Bergen angesagt, dann steht der 653 m hohe Habberg ❷ auf dem Programm. Hinauf also tragen Sie die Füße und Sie belohnen sich selbst mit weiteren herrlichen Fernblicken, auch über die Briloner Hochfläche. Über den Habberg und den Ginsterkopf verläuft die Rhein-Weser-Wasserscheide, westlich fließt das Wasser in die Ruhr und dann in den Rhein, östlich über die Diemel in die Weser.

Der folgende Abstieg führt Sie an eine Wegspinne, an der Sie sich rechts halten. An der nächsten Wegkreuzung trennen Sie sich vom Rothaarsteig. Sie wandern geradeaus weiter zu einem offenen Rastplatz mit Schutzhütte ❸ und Rastbänken und -tischen (km 2,9).

Für rund 100 m gehen Sie mit BW1 und BW3 wieder geradeaus, orientieren sich dann aber am Abzweig mit dem Wanderweg „Olsberg – Brilon-Wald – Willingen – Bruchhausen – Olsberg" nach rechts. Etwa 1 km weit folgen Sie dem

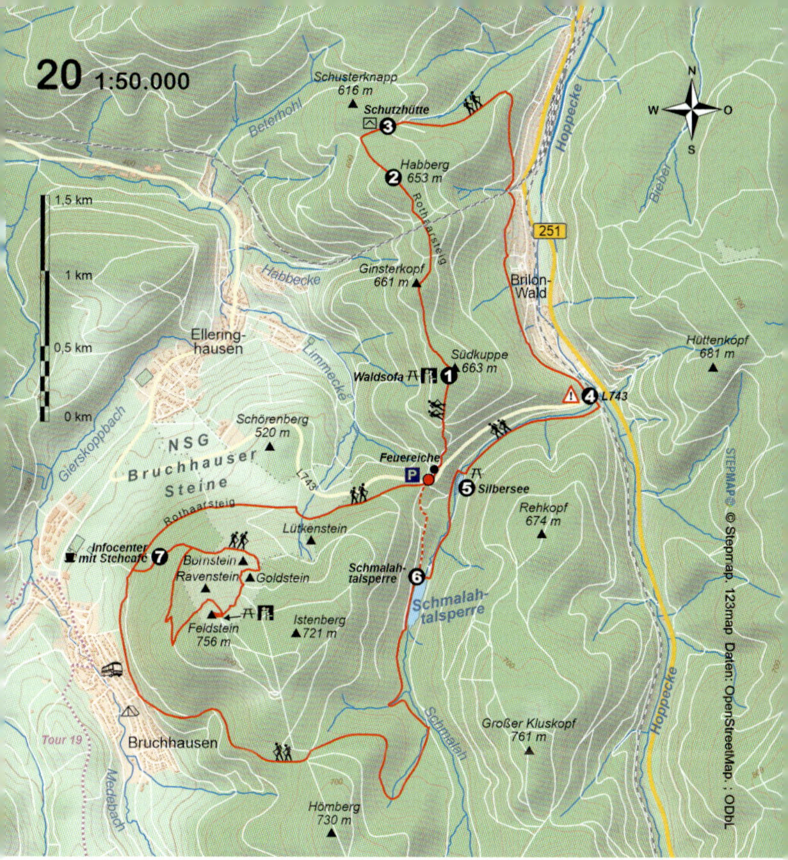

Wanderweg, auch über eine Kreuzung hinweg, während anfangs die Lüttmecke neben Ihnen im Kerbtal abwärts rauscht.

Sie treffen auf einen Wirtschaftsweg, dem Sie sich nun auch mit BW1 und BW3 nach rechts anschließen. Der Ort Brilon-Wald liegt links von Ihnen, während Sie eine Weggabelung geradeaus queren, die Sie links auf dem Kirchweg ins Dorf bringen würde. 300 m danach kommt auf Höhe der Schützenhalle von rechts Wanderweg BW2 dazu, an dem Sie sich nun bis zum Silbersee orientieren.

Über die Straße Am Ginsterkopf und mit einigen schönen Blicken über Brilon-Wald gelangen Sie an einen Rastplatz bei der L743 ❹. Sie überqueren die viel befahrene Straße umsichtig und setzen den Weg auf der anderen Straßenseite

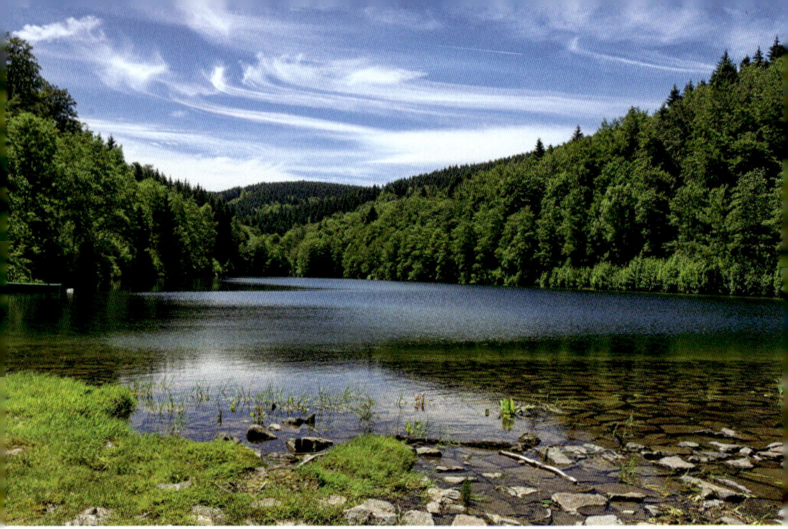

Idyll am Silbersee

knapp 100 m weit fort, bevor Sie dann rechts entlang der Schmalah in den Auwald schwenken.

Sie folgen dem gut ausgebauten Weg für 1 km, halten sich an einem Teich erst rechts, dann direkt links und legen die letzten 800 m zum Silbersee ❺ zurück, dessen Wasseroberfläche silbrig glitzernd zwischen den Laubbäumen hervorlugt.

Legen Sie am ⩩ Rastplatz (km 8,) eine Pause ein und lassen Sie sich von der Sonne verwöhnen, bevor Sie die Talsperre ❻ über Trittsteine sicher überqueren. Nach der Querung halten Sie sich links.

↳ An dieser Stelle können Sie die vorgeschlagene Rundwanderung abkürzen. Dazu gehen Sie hinter der Talsperre rechts auf dem Schmalahtalrundweg B1 rund 600 m auf und ab durch Nadelwald, passieren beim Lagerplatz „Am Honigknäppchen" eine Informationstafel zum Schnadeweg und gelangen zum Wanderparkplatz an der Feuereiche. ✋ Überqueren Sie die L743 sehr umsichtig, denn sie ist stark befahren.

Sollten Sie die nun folgende Strecke zu den Bruchhauser Steinen ohne die Überquerung von Ginsterkopf und Habberg und den Weg an Brilon-Wald vorbei wandern wollen, dann wählen Sie die umgekehrte Option, starten also wie gehabt am Wanderparkplatz bei der Feuereiche, überqueren aber die L743 und gehen mit B1 bis zum Silbersee. Hier steigen Sie dann in die weitere Wandertour wie folgt ein.

Gleich nach der Staumauer wandern Sie auf B1 nahe beim Ufer auf einem grasbewachsenen Weg, von dem Sie nach 100 m links zum Waldweg hinauf wechseln. Auf diesem wandern Sie weiter mit der Schmalah durch das stille Tal, überqueren bei Schirlieth ein Bächlein und gelangen zu einer Weggabelung. Dort halten Sie sich mit B1 rechts und lassen sich jetzt zügig den Berg hinaufführen.

Dann folgen Sie erst einer Rechts-, danach einer Linkskurve und halten sich auf der 650 m hohen Bergkuppe geradeaus. Sie wandern nun um den Istenberg herum, auf dem es zwei Startplätze für Drachen- und Gleitschirmflieger gibt. Mit etwas Glück können Sie den waghalsigen Fliegern zuschauen, wie sie ins Tal schweben. Auf dem 728 m hohen Istenberg befinden sich auch die Bruchhauser Steine, denen Sie sich sanft bergab und bald mit Blick auf Bruchhausen und das Umland nähern.

Sie flanieren über den gut ausgebauten Forstweg, dürfen dabei aber vor einer Rechtskurve den etwas versteckten Pfad links nicht übersehen, der Sie nach 300 m kräftigen Abstiegs an die nächste Weggabelung führt. Sie treffen auf den Rothaarsteig. Bis zum Ende Ihrer Wandertour folgen Sie nun – abgesehen von einem wunderbaren Abstecher – diesem Fernwanderweg und B1.

Sie passieren die Wohnhäuser von Bruchhausen auf einem schönen Pfad – zwischendurch locken Rastbänke und Aussichten –, bis Sie einen Abzweig hinauf zu den Bruchhauser Steinen (Info- und Service-Center) ausmachen ❼. An diesen Abzweig werden Sie später zurückkehren.

Sie wandern 500 m aufwärts bis zum Info- und Service-Center, in dem Sie eine kleine Mahlzeit oder Erfrischung in der Stehcafeteria zu sich nehmen, eine kostenfreie Ausstellung mit Bildern, Texten und Exponaten besuchen oder sich mit Informationsmaterial zu den Bruchhauser Steinen ausrüsten können. Außerdem lösen Sie hier die Eintrittskarten für die Bruchhauser Steine, denn das Areal gehört zur Stiftung des Freiherrn von Fürstenberg-Gaugreben.

Öffnungszeiten Bruchhauser Steine, Di-So 10:00–18:00 Uhr (April-Okt), Fr, Sa und So 10:00-15:00 (Nov-März), Weihnachtsferien tägl. 10:00–15:00, Mo geschlossen, außer an Feiertagen und in den Ferien

Stehcafeteria, 10:00-18:00

Sie erhalten eine kleine Wegekarte, mit deren Hilfe Sie den ausgeschilderten Weg zwischen den Felsen wählen. Dazu legen Sie durch den Wald nochmals 300 m bergauf zurück und gelangen zu einer stationären Wanderkarte. Den 2,3 km langen Rundweg erwandern Sie im Uhrzeigersinn, und nacheinander erleben Sie beim

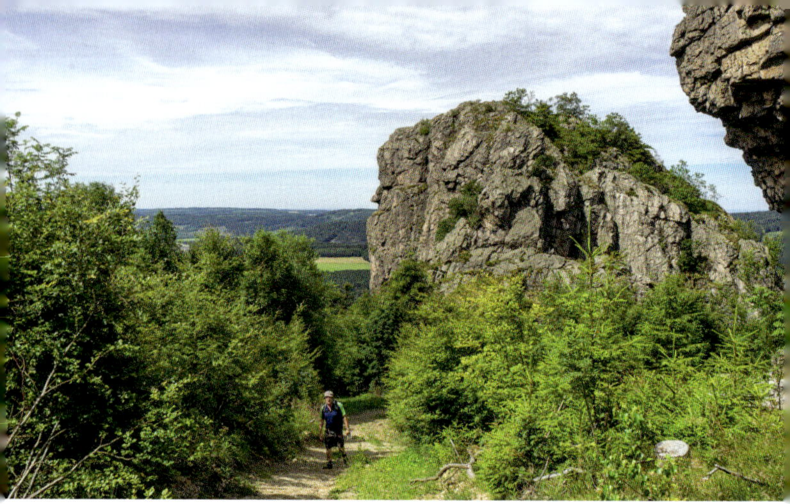

Inmitten der Bruchhauser Steine

felsigen, manchmal auch steilen Rundgang die Falkenwacht mit Aussichtsturm, den Bornstein und den Goldstein, den Ravenstein und Reste der keltischen Wallanlage.

Die Bruchhauser Steine umfassen eine Fläche von rund 21 ha. Entstanden sind die Porphyrfelsen, von denen kleinere Ableger in der näheren Region im Wald oder auf den Weiden zu sehen sind, im Devon vor 350-400 Mio. Jahren. Die Felsen hier im Gelände können nur von Pflanzen bewachsen werden, die keinen Wurzelraum ausbilden und an kühlen, schattigen und feuchten Standorten gedeihen, wozu Moose und einige Flechten zählen. Zu den Besonderheiten zählen sogenannte Eiszeitrelikte, Pflanzen also, welche man eigentlich nur in den Alpen oder der Arktis antrifft, zum Beispiel die weiß blühende Alpen-Gänsekresse. Bei den Baumarten dominiert die Buche.

In der menschlichen Frühgeschichte dienten die vier mächtigen Felsen auch als Wallanlage. Wälle vom Feldstein zum Goldstein und zwischen Goldstein und Bornstein sind noch sichtbar, gelebt haben die Baumeister vermutlich 500 v. Chr. Es handelt sich somit um die älteste Wallanlage im Sauerland. Die Bruchhauser Steine waren auch 1989 der erste Ort, an dem sich der Wanderfalke in Nordrhein-Westfalen wieder angesiedelt hat. Zur richtigen Tageszeit können Sie von der Falkenwacht die seltensten Falken Deutschlands nahe bei ihren Brutplätzen entdecken. Eine große Anzahl von Informationstafeln erläutert Ihnen beim Rundgang die Geschichten rund um die Bruchhauser Steine.

Am Feldstein finden Sie eine Reihe von ⩩ Rastplätzen (km 14,7) vor, von denen aus Sie die wagemutigen Kletterer auf dem etwa 45 m hohen Felsen beobachten können. Der Gipfel selbst liegt 756 m ü. NN.

Feldstein mit Gipfelkreuz

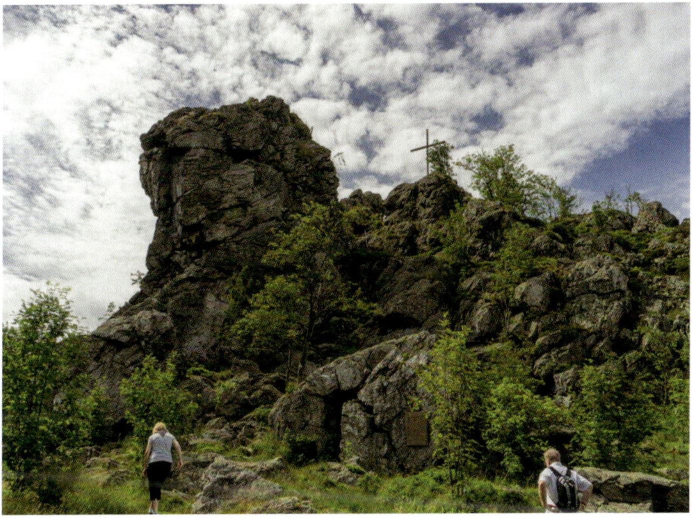

Noch spannender ist es natürlich, selbst bis zum Gipfelkreuz und zur Rastbank hoch oben hinaufzukraxeln. Seilversicherungen und Tritthilfen unterstützen Sie dabei, den Klettermut müssen Sie selbst mitbringen. Dafür sind wunderbare Fernsichten über die Sauerländer Berge bis in die Ebene des Münsterlandes und zum Teutoburger Wald bei günstigem Wetter im kurzen Abenteuer inbegriffen.

Vom Feldstein wandern Sie im weiten Bogen zurück zum Info- und Service-Center, dann weiter hinunter zum Abzweig nahe Bruchhausen. Dort halten Sie sich mit dem Rothaarsteig und B1 rechts. Sie wandern über den befestigten Waldweg mit einigen Ausblicken in das Umland und an einer Rastbank mit Informationstafeln zur Geschichte vorbei und erreichen nach weiteren 2 km auf dieser erlebnisreichen Wanderung die viel befahrene L743, ✋ die Sie vorsichtig überqueren. Sie haben nun wieder den Parkplatz an der Feuereiche erreicht.

21 Ettelsberg und Mühlenkopfschanze im Winter

Tour für Familien mit Kindern und für echte Winterfreunde

Mit etwas Winterglück stapfen Sie in Stryck im Schnee bergan, staunen über die gewaltige Mühlenkopfschanze, schauen hinauf zum Hochheideturm und erklimmen ihn, um die Blicke weit über das Sauerland schweifen zu lassen, wandern über gut gewalzte Wege hinunter ins Paradies, lassen Bächlein neben sich gluckern und gurgeln und gelangen an schroffen Felswänden vorbei zum Auslauf der Großschanze, bevor die letzten Schritte durchs winterweiße Märchenland nach Stryck zurückführen.

Start/Ziel: Parkplatz Ecke Mühlenkopfstraße/Talweg, Willingen-Stryck, GPS N 51°16.728' E 008°37.259'

10,1 km

3 Std.

247 m/247 m

587-834 m

keine durchgehende Markierung

gut begehbare Waldwege, bei Schnee gewalzte Wanderwege

Hotel-Restaurant Zum Forsthaus (km 0), Ettelsberghütte (Siggis Hütte) (km 4), weitere Einkehrmöglichkeiten im Ort

Rastplatz „Große Grube“ (km 3), holzdachgeschützte Bank (km 8,3)

Wenn Schnee liegt, fliegen die Schneebälle! Die Wege sind für Kinder ein wunderbares Erlebnis.

Die Wanderwege sind gewalzt und mit Geländebuggy befahrbar.

Für Hunde ist der Weg geeignet, für Wasser muss selbst gesorgt werden. Bitte die Naturschutzgebiete beachten.

AST (AnrufSammelTaxi) von „Willingen Bahnhof“ bis „Willingen Abzweig Stryck, Straße Im Stryck“, AST-Fahrt So-Do 7:00-20:00, Fr und Sa 7:00-24:00, anmelden unter ☏ 056 31/506 20 88. Die Straße Im Stryck führt direkt zur Mühlenkopfstraße.

Parkplatz Ecke Mühlenkopfstraße/Talweg, Willingen-Stryck, GPS N 51°16.728' E 008°37.259'

Sie starten am Parkplatz Ecke Mühlenkopfstraße/Talweg in der Nähe vom Hotel-Restaurant Zum Forsthaus und wandern die Mühlenkopfstraße bergan in Richtung Mühlenkopfschanze.

✕ Hotel-Restaurant Zum Forsthaus, Mühlenkopfstraße 5, ☏ 056 32/64 49, info@forsthaus-willingen.de, www.forsthaus-willingen.de, durchgängig warme Küche bis 18:30

Sprungturm an der Mühlenkopfschanze

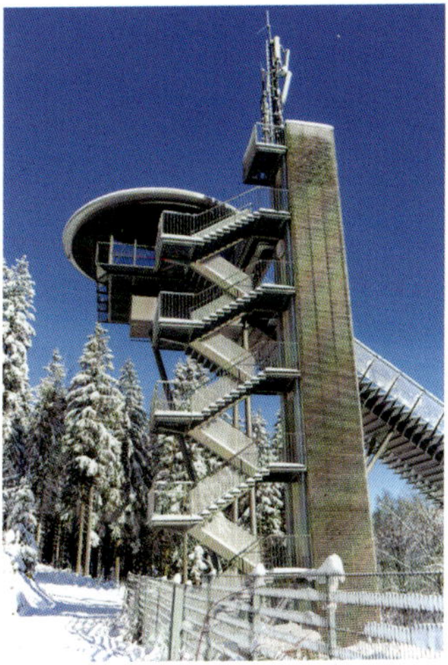

Sobald Sie die letzten Häuser hinter sich gelassen haben und in den dichten Nadelwald eintauchen, hören Sie links im kleinen Tal den Mühlgraben munter talwärts gluckern. Sie orientieren sich am gut gewalzten Hauptweg, dem Sie auch in einer engen Linkskurve folgen.

700 m nach der Kurve treffen Sie auf die Sprungschanze mit dem eindrucksvollen Anlaufturm ❶ und genießen von hier oben die Aussicht ins Tal des Itterbachs, der tief unten fließt. Halten Sie sich im Anschluss an die Skisprunganlage abseits der für Skilangläufer gewalzten Loipe, um die Spur nicht zu zertrampeln.

1 km nach dem Anlaufturm gehen Sie an einer Wegkreuzung nach rechts und wandern nun den sanften Anstieg hinauf. Die schneebedeckten Bäume geben bald den Blick auf die Abhänge frei. An einer Wegspinne haben Sie den Rastplatz „Große Grube“ erreicht (km 3) ❷, an dem Sie sich scharf links halten. An diesem Ort wurde in früheren Jahrhunderten in Gruben Holzkohle gebrannt.

Bevor Sie diesem Weg folgen, wenden Sie sich mit Blick auf den im Jahr 2002 erbauten und 59 m hohen Hochheideturm dem Ettelsberg zu. Dazu nehmen Sie den zweiten Abzweig von rechts und wandern auf dem Hauptweg am Kyrillpfad vorbei. Später gelangen Sie vom Ettelsberg auf demselben Weg zur Großen Grube zurück.

In der Nacht zum 19. Januar 2007 wütete der Orkan Kyrill besonders im Sauerland. Vorwiegend Nadelwälder waren betroffen, wie hier auf dem Ettelsberg. Auf dem Kyrillpfad liegen noch heute umgefallene Bäume und zerborstene Baumstämme neben gewaltigen Wurzeltellern. Selbst im Schnee wird erkennbar, wie sich die Natur der kahlgeräumten Fläche bemächtigt und eine vielfältige Flora ihren Platz erobert. Je nach Witterung ist der Kyrillpfad jedoch wegen der Unfallgefahr gesperrt.

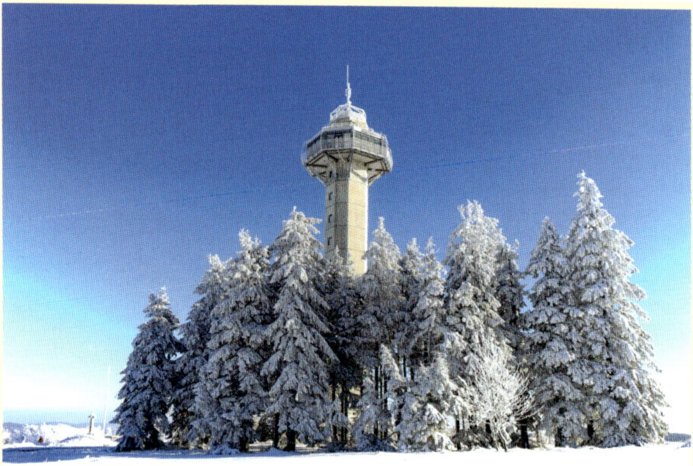

Weiß umkränzter Hochheideturm

Am 837,7 m hohen Ettelsberg und an der weiten Hochheide, die Sie bei guter Schneelage nur erahnen können, stoßen Sie zuerst auf den Speichersee, orientieren sich dort nach links und gelangen zur Ettelsberghütte (Siggis Hütte).

✕ Ettelsberg-Hütte (Siggis Hütte), ☏ 056 32/67 50, info@siggishuette.de, www.ettelsberg-seilbahn.de/ettelsberg/siggis-huette, 9:00-15 Min. vor der letzten Seilbahn-Talfahrt

An der Seilbahn genießen Sie die famosen Aussichten oder schauen den Wagemutigen bei der Skiabfahrt zu. Dann wenden Sie sich zum ⌘ Hochheideturm mit seiner verglasten Aussichtsplattform, die Fernsichten über Willingen hinaus ins Sauerland und ins Waldecker Land bietet (ganzjährig geöffnet von 9:00-17:00). Nach der Besichtigung orientieren Sie sich am Speichersee und folgen nun dem Hinweg zurück zur Großen Grube.

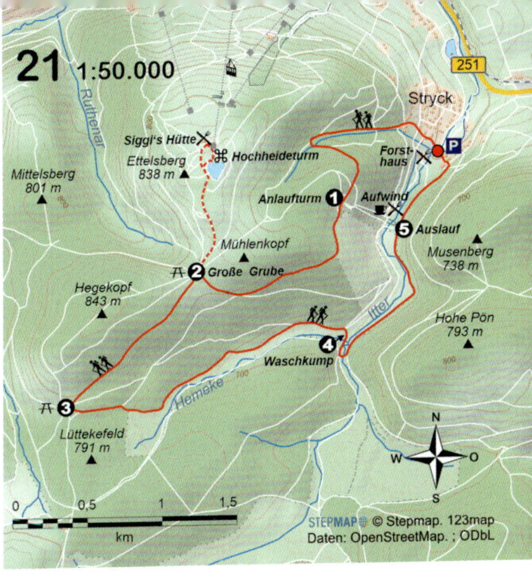

Nach der Wegspinne geht es auf breitem Weg mit Blick ins Tal und zwischen Tannen und Fichten durch den malerisch weißen Winterwald in Richtung Paradies. Nachdem sich der Weg langsam abwärts gesenkt hat und Sie eine Fichtenschonung passiert haben, treffen Sie beim Lütteke Feld auf eine Wegspinne. Ob Sie die Rastbank ❸ wirklich nutzen wollen? Auf jeden Fall verlassen Sie die Wegspinne über den zweiten Weg nach links und wandern gemächlich den Hang hinunter.

An der folgenden Weggabelung halten Sie sich rechts und hören nach rund 250 m rechter Hand das Bächlein Hermeke munter ins Tal sprudeln. Sie passieren

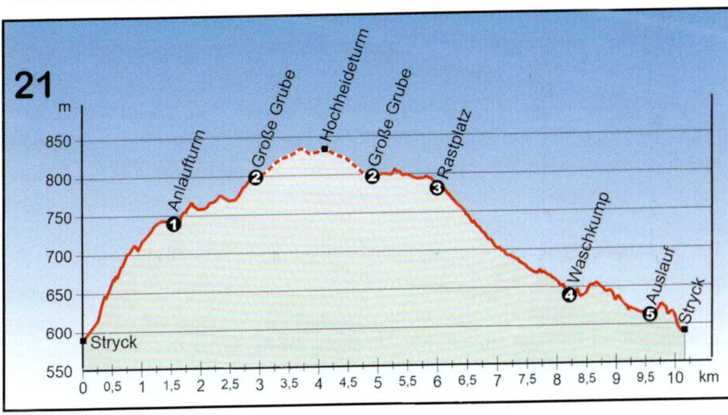

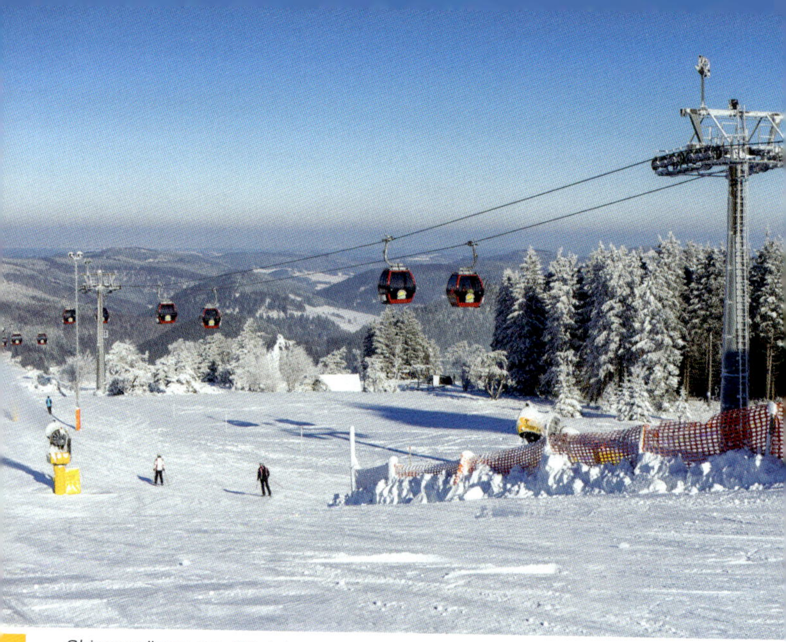

Skivergnügen am Ettelsberg

Scheid, eine Stelle, an der die Grenze zwischen der Grafschaft Waldeck und dem Kurfürstentum Köln verlief, und die kleine Quelle Panzensuipen, an der sich das Vieh den Panzen mit Wasser füllte. Nahe beim Hermekebach stapfen Sie durch das „Paradies" genannte Gebiet über den gewalzten Schnee, während viele kleine Rinnsale links vom Berg hinab dem Hermekebach zufließen. Bald lichtet sich der Wald und gibt den Blick in das weite, offene Tal frei.

An einer mit Holzdach geschützten ⛼ Bank halten Sie sich rechts, überqueren eine Steinbrücke und gelangen zum Waschkump ❹, einem Teich, an dem Schafe früher vor der Schur gewaschen wurden.

Etwa 50 m darauf wenden Sie sich an der Wegspinne nach links, überqueren die Itter über eine Steinbrücke und halten sich erneut links in Richtung Stryck. Sie wandern nun an der Hangflanke von Hoher Pön und Musenberg entlang auch durch den Schluchtwald des Naturschutzgebiets Grebensteine mit seinem urwaldartigen Charakter und wuchtigen Felsen, der besonders auf der gegenüberliegenden Seite des Ittertals sichtbar wird. Nach 1 km erreichen Sie den Auslauf der Mühlenkopfschanze ❺.

Das Stadion der Mühlenkopfschanze fasst 35.000 Zuschauer, gilt seit 1951 als Großschanze und nach einem Umbau im Jahr 2000 als größte Großschanze weltweit. Der Schanzenrekord liegt bei 152 m. Alljährlich findet mindestens ein Weltcup-Springen statt. Eine Standseilbahn befördert auch Besucher sicher die 120 m Höhenunterschied vom Auslauf zum Anlaufturm hinauf.

Standseilbahn: Di-So 10:00-16:45, geführte Besichtigung Di und Fr um 14:00, Treffpunkt am Fan-Shop (jeweils kostenpflichtig)

Café-Restaurant Aufwind, Zur Mühlenkopfschanze 1, 34508 Willingen, 056 32/96 05 00, info@cafe-aufwind-willingen.de, www.cafe-aufwind.de/willingen/cafe-aufwind, 10:30-18:00, ab 12:00 durchgehend warme Küche

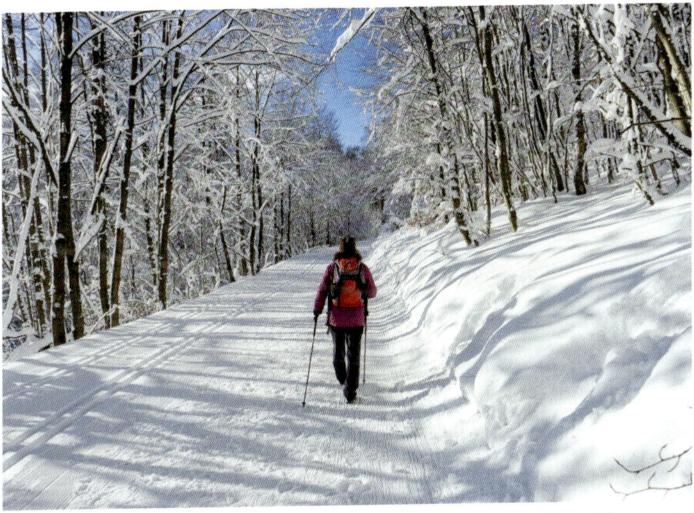

Wandern durch den schneeweißen Winterwald

Sie passieren das Gelände und gelangen nach 500 m auf befestigtem Weg zur Weggabelung in Stryck, bei der Sie sich links halten. Nun sind es nur noch wenige Meter die Mühlenkopfstraße hinunter, bis Sie den Parkplatz und damit den Zielpunkt erreichen.

22 Es grünt so grün auf dem Grönebacher Dorfpfad

Tour für Familien mit Freude an grünen Wiesenwegen und sanften Anstiegen

Auf wiesenweichen Pfaden und Wegen umrunden Sie das malerisch am „grünen Bach“ und inmitten der Winterberger Hochfläche gelegene Grönebach, treffen auf die „Alte Königsstraße“ und wandern über den Bahndamm einer Kleinbahn, gehen auf dem „Iäselpoad“ und hinauf zum Antoniusstein, bevor Sie am Aussichtspunkt auf der Egge nochmal Höhenluft schnuppern. Danach geht es bergab zur Ruipes-Ropes-Hütte und auf einem malerischen Pfad zurück nach Grönebach, nicht ohne kurz vor dem Ende noch besonderen Schafen zu begegnen.

- Start/Ziel: Wanderportal am Lambertusplatz, Grönebach, GPS N 51°13.726‘ E 008°33.606‘
- 11 km
- 3 Std.
- 295 m/295 m
- 569-681 m
- Rothaarsteig-Spur (liegendes weißes R auf schwarzem Grund)
- vorwiegend gute Waldwege, ab und zu Wiesenwege
- keine Einkehrmöglichkeit am Weg
- Schutzhütte Katernbüsche (km 1), Rastbank auf dem Eggekopf (km 8), Ruipes-Ropes-Hütte (km 9,2)
- Die weichen Wiesenwege sind auch für Kinder angenehm zu gehen.
- Durch die vielen Wiesenwege manchmal mühsam.
- Einige Bäche verlaufen entlang der Wanderroute, viele Wiesenwege, wenig Asphalt.
- Buslinie S30 von Brilon Bahnhof und Olsberg Bahnhof Richtung Medebach, Haltestelle „Grönebach Feuerwehrhaus“, stündlich, Sa zweimal vormittags, So einmal vormittags
- Parkplätze sind im Ort vorhanden, beispielsweise direkt am Wanderportal am Start/Ziel.

Sie starten Ihre Wanderrunde beim Wanderportal am Lambertusplatz, wenden sich bergan in die Straße Zum Holz und laufen an ihrem Ende über einen grasigen Weg weiter zur Alten Königsstraße, die Sie aufmerksam überqueren und an der Sie rund 50 m aufwärts gehen. Sie wechseln nach rechts auf einen grasbewachsenen Pfad mit Geländern an ausgesetzten Stellen, auf dem Sie die Freizeitanlage „Schlade“ erreichen.

Die Alte Königsstraße von Frankfurt nach Soest führte in ihrem alten Verlauf auch von Winterberg über den „Hengst" hinab zum Ruhrtal, um zum „Grönebacher Holz" aufzusteigen, dann zum Neuen Hagen und von dort weiter nach Norden zu führen. Bei Winterberg traf sie auf die Heidenstraße, eine andere mittelalterliche Handelsroute, die Köln mit Leipzig verband (☞ Tour 14).

An der Alten Königsstraße

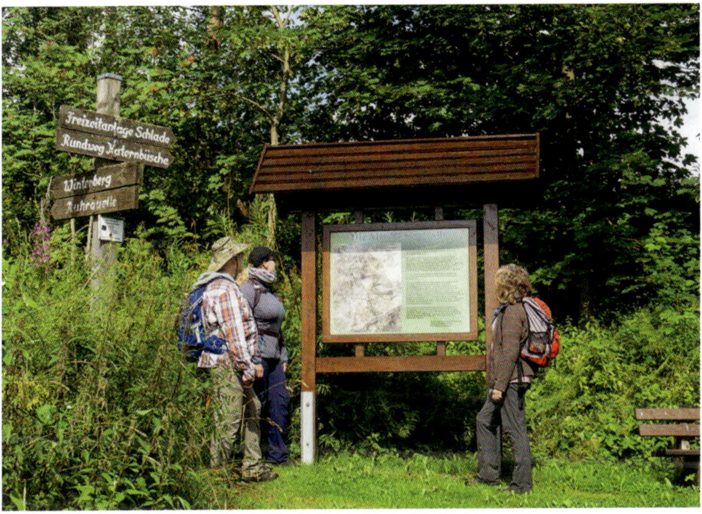

Sie folgen weiter der Alten Königsstraße auf dem Wiesenpfad, gehen vorbei an einem Informationsschild zur alten Wasserversorgung des Dorfs und halten sich an einer Rastbank rechts. Entlang von kleinen Waldstücken wandert Ihr Blick bestimmt hinab nach Grönebach, die schönen Aussichten entgehen Ihnen sicher ebenso wenig wie der Blick auf den Diabassteinbruch bei Niedersfeld in der Ferne.

Sie halten sich rechts auf einen samtweichen Wiesenweg, dann links auf einen Pfad mit Ginsterbüschen und Brombeerhecken, über den Sie zielsicher auf dem bestens beschilderten Weg zur Schutzhütte Katernbüsche (km 1) gelangen. Rasten ist angesagt, und Aussichten genießen, bevor Sie auf dem grasgrünen Untergrund in Hanglage weiterwandern.

Sie treffen auf einen quer verlaufenden Feldweg, schließen sich diesem nach rechts an und gelangen beim Freistuhl ❶ in der Freigrafschaft Grönebach auf einen befestigten Weg.

Karl der Große teilte das Reich in Grafschaften ein, wozu auch Grönebach zählte. Ein Freistuhl (dies ist eine andere Bezeichnung für Femegericht) zur niederen Gerichtsbarkeit gehörte dazu. Wo genau aber dieser Freistuhl gestanden hat, ist nicht bekannt, denn im Jahr 1724 verbrannten die Kirchenbücher, Dokumente und Urkunden der Pfarrei.

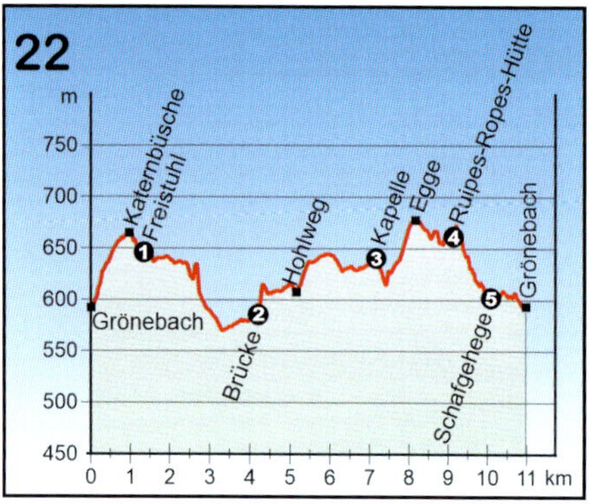

Vom Freistuhl halten Sie sich links und wandern durch Wald in Richtung Geilen Siepen, orientieren sich nach rechts, spazieren abwechselnd auf Waldwegen und Wiesenpfaden und genießen bald das ruhige Hachmicketal, das Sie hinunter zur ehemaligen Strickmühle leitet. Nach der Hachmickehütte an einer Wegkreuzung führt Sie eine Brücke sicher über die Hille. Bei einer Baumschule erreichen Sie die L872, halten sich links, überqueren die Landstraße beim Fachwerkhaus „Sander" und wandern nun auf der ehemaligen Kleinbahntrasse weiter.

Die Kleinbahn fuhr von 1902 bis 1953 von Steinhelle über Niedersfeld nach Medebach. Die Strecke war gut 36 km lang, die Spurweite betrug 750 mm. Bis 1940 durfte die Geschwindigkeit 25 km/h nicht überschreiten, danach „raste" die Bahn mit bis zu 40 km/h auch durch Grönebach. Die Züge waren oft kombinierte Güter- und Personenwagen. Das Haus „Sander" war damals die Bahnhofsgaststätte mit Fahrkartenausgabe. Bis zum Mosenberg kann die Bahntrasse in Richtung Küstelberg erwandert werden.

Sie überqueren die Kleinbahnbrücke ❷ mit schönen Rundbögen und steigen gleich darauf den Pfad rechts hinauf. An einem asphaltierten Weg wenden Sie sich

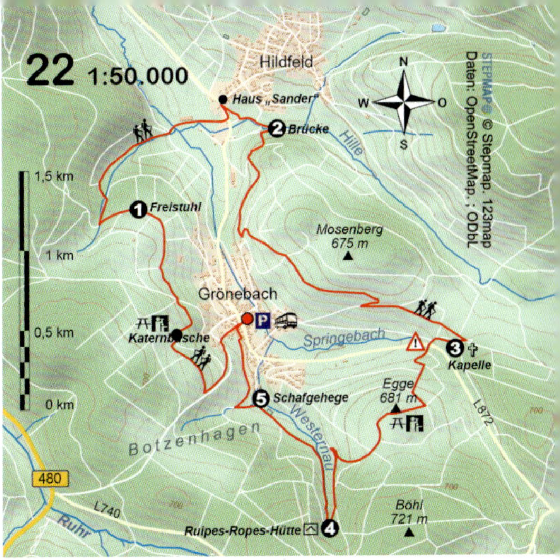

nach rechts, 50 m später nach links, und schon erreichen Sie nach einem Anstieg den alten läselpoad, der von Küstelberg zur Strickmühle führte. Sie passieren auch die Schutzhütte am Eselspfad, halten sich an einem Feldweg links und gehen mit diesem bald nach rechts. Nach dem Feldweg wandern Sie wieder auf weichem Grasweg beim Grönebacher Steinacker mit vielen Weiden in sattem Grün. Später halten Sie sich dann rechts und wandern mit offenem Blick über die Region bis Küstelberg weiter, bis Sie die Antoniussteinhütte erreichen. Der Grönebacher Dorfpfad führt Sie hier rechts hinab. Für einen Abstecher zum Antoniusstein wenden Sie sich aber hangaufwärts und laufen bis zur ✞ Kapelle ❸, die 1958 erbaut wurde. Darin entdecken Sie den im Jahr 1731 errichteten Bildstock, der inzwischen mit Bruchsteinen ummauert ist. Im Sauerland wird der heilige Antonius sehr verehrt.

Sie gehen den Weg hinunter in Richtung Springetal, dürfen aber linker Hand nach wenigen Metern die Passage hinein in den Fichtenwald nicht übersehen. Nach 200 m gelangen Sie auf einen asphaltierten Weg, überqueren umsichtig die L872 und wandern dann zügig auf grasbewachsenen Wegen bergan auf die 681 m hohe Egge. Höher hinaus steigen Sie auf dem Grönebacher Dorfpfad nicht mehr, und der Anstieg wird durch die feine Aussicht vom Kreuz auf dem Eggekopf belohnt, das etwas abseits des Weges im Fichtenwald bei einer Rastbank (km 8) steht.

Sie nehmen beim sanften Abstieg von der Egge noch eine Handvoll schöne Aussichten über Grönebach mit, queren eine befestigte Straße und wechseln vom grasgrünen Hangweg links auf einen Waldweg. Sie erreichen bald die Entenwiese im Tal der Westernau mit der Ruipes-Ropes-Hütte (km 9,2) ❹.

Die Schutzhütte mit den vielen Rastbänken lädt natürlich zum Verweilen ein, die zahlreichen Wanderschilder an der Holzwand lassen erahnen, wo die

Mitglieder des SGV Grönebach überall wanderten, die das Gelände betreuen. Zwischen zwei Gebäuden entdecken Sie den schmalen Pfad ganz eng an der Westernau entlang, der Sie – verwurzelt und manchmal steinig – rasch hinabführt.

Im Tal spüren Sie erneut weichen Wiesenuntergrund unter den Wanderschuhen, und nachdem Sie rechts auf die ausladenden Weiden geblickt haben, passieren Sie erst einen Bolzplatz und dann ein Gelände mit Soay-Schafen ❺.

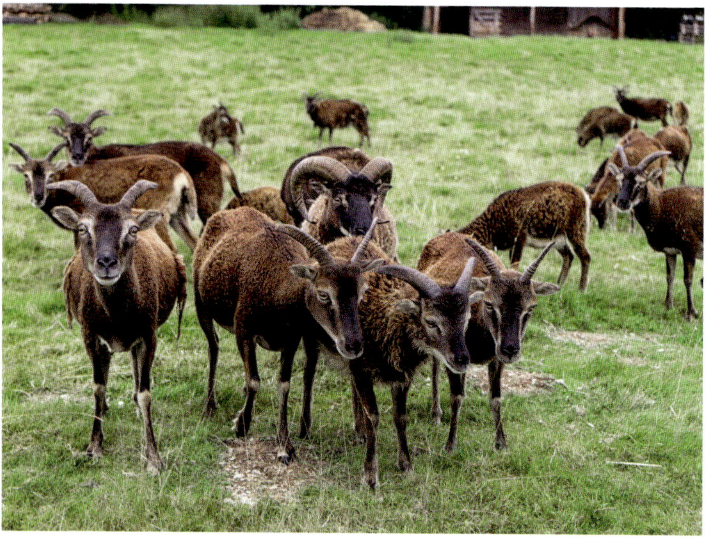

Stolz gehörnte Schafe

Soay-Schafe gehören zu einer sehr alten Schafrasse. Ihr Ursprungsgebiet ist das entlegene St.-Kilda-Archipel mit den Inseln Soay und Hirta vor der Westküste Schottlands. Diese Schafe weisen eine frappierende Ähnlichkeit mit Mufflons auf. Von Anfang April bis Ende Mai verlieren sie ihre Wolle. Weil Soay-Schafe sehr scheu sind, dürfte es fast einfacher sein, die abgeworfene Wolle einzusammeln, als die Tiere von Hunden beisammenzuhalten.

An der Weggabelung beim Gehege halten Sie sich links.

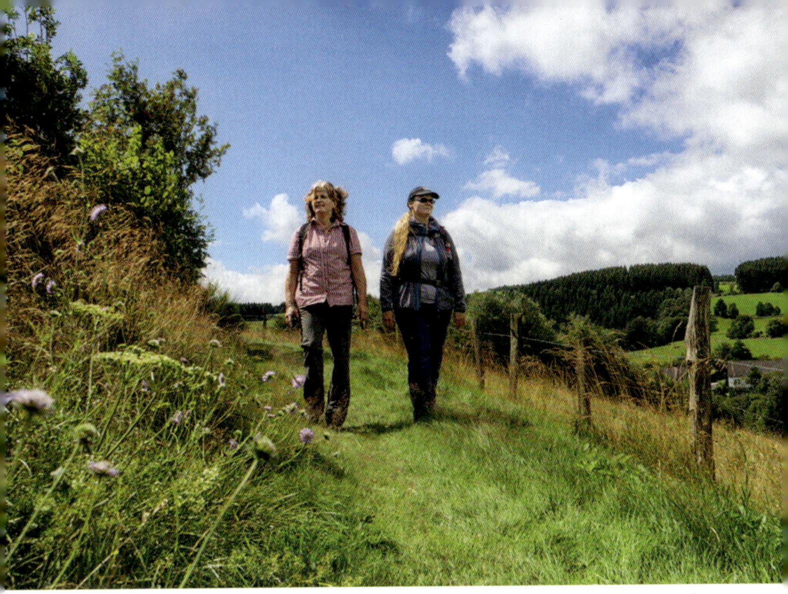

Auf Gras wandert es sich angenehm

☺ Rechts entdecken Sie rund 50 m entfernt den schönen Dorfbrunnen Westernau.

Entlang der Schafsweide gewinnen Sie leicht an Höhe, halten sich nach 150 m rechts und genießen noch ein letztes Mal weichen Wiesenboden unter den Füßen, bis der Weg erst nach rechts, gleich darauf nach links schwenkt und in die Straße Zur Kliewe führt.

Sie treffen auf die Straße Zum Holz vom Beginn Ihrer Wanderung und schlendern nun die letzten Meter hinunter zum Lambertusplatz. Die nahebei liegende ✞ Kirche St. Lambertus, deren Geschichte bis in das 13. Jh. zurückreicht und deren Kirchturm aus jenem Jahrhundert stammt, ist übrigens nicht nur das älteste Gebäude in Grönebach, sondern auch das älteste der gesamten Stadt Winterberg.

23 Von Düdinghausen auf die Kahle Pön

Tour für Familien mit Kindern

Ein wahres Feuerwerk an Besonderheiten erwartet Sie. Erst gehen Sie hinauf zur Kapelle auf dem Kreuzberg mit famosen Aussichten, dann hinunter zu Steinbrüchen mit aufschlussreichen Informationstafeln. Sie entspannen sich in stillen Waldpassagen und auf wunderbar weichen Wegen entlang von Wiesen und Weiden, anschließend erfreuen Sie sich an der weiten Bergheidenfläche und genießen die Fernsichten, bevor Sie zur Ka-Lied weiterwandern. Und weiter geht es, denn noch stehen eine Hohlwegpassage und der kurze Weg durch die Riepenschlucht an. Zum Abschluss sehen Sie noch die hübschen Fachwerkhäuser in Düdinghausen.

Start/Ziel: Kirchplatz Düdinghausen, GPS N 51°15.710' E 008°41.649'

13,5 km

4 Std.

423 m/423 m

449-744 m

Geologischer Rundweg Düdinghausen (schwarzer Kopffüßler auf weißem Grund), D2 (schwarze Schrift auf weißem Grund), Rothaarsteig-Spur Blick-ins-Land Kahle Pön (liegendes weißes R auf schwarzem Grund)

Wald- und Wiesenwege wechseln sich ab.

Graf-Stolberg-Hütte (km 9)

Rastbänke an der Kapelle (km 1), Rastbank bei den Weideflächen (km 3,4), Rastplatz an der Kahlen Pön (km 6,6), Rastbank auf der Kahlen Pön (km 7), Rastplatz auf der Ka-Lied (km 10,4)

Die Strecke hat zwar einige Steigungen, aber bis auf die erste zum Kreuzberg hinauf sind diese moderat.

Nur wenige schmale Pfade sind verwurzelt, doch der Anstieg zum Kreuzberg ist recht steil. Dieser Abschnitt kann aber ausgelassen werden.

Die erste Trinkstelle findet sich erst am Ende der Wandertour beim Riepenbach. Die Wege sind aber alle gut für Hunde begehbar.

Bus R46 (RLG) von Medebach Marktplatz nach Düdinghausen Kirche (stündlich), Bus R48 (RLG) von Winterberg Bahnhof nach Düdinghausen Kirche (stündlich, So einmal vormittags)

P Parkplatz Heimathaus an der L854, GPS N 51°15.668' E 008°41.711'. Von dort folgen Sie dem Hinweisschild „Heimathaus"; der Kirchplatz liegt 20 m oberhalb vom Heimathaus.

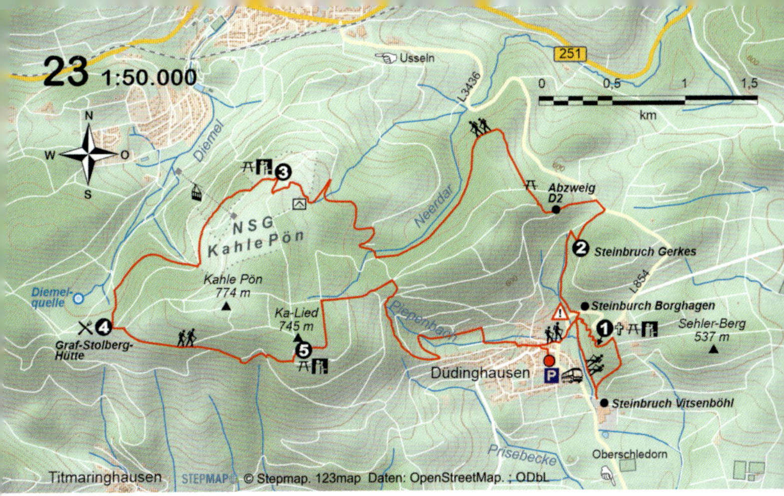

Sie starten Ihre aus zwei Wanderrouten kombinierte Rundtour am Kirchplatz in Düdinghausen. Von dort gehen Sie auf dem Geologischen Rundweg zu einer kleinen Teichanlage an der Oberschledorner Straße, wandern auf einem Pfad entlang der Straße aufwärts und überqueren diese wenige Meter weiter. Sie schlendern über eine Wiese und ein mit Trittsteinen versehenes Bächlein, um dann an einer Kreuzung geradeaus weiterzugehen. An diese Kreuzung werden Sie nach dem Aufstieg zum Kreuzberg zurückkehren. Jetzt heißt es aber erst Luft holen,

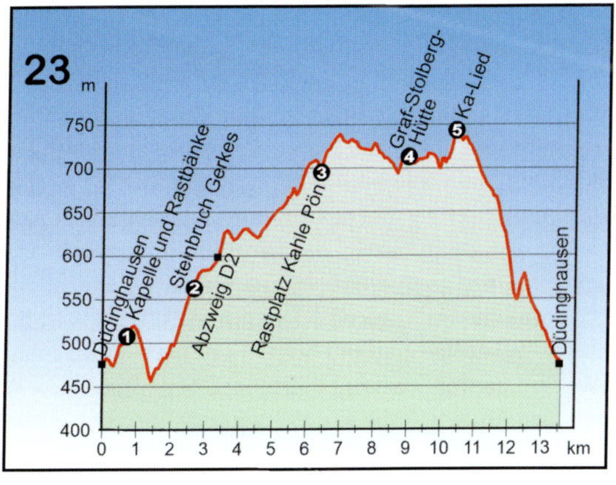

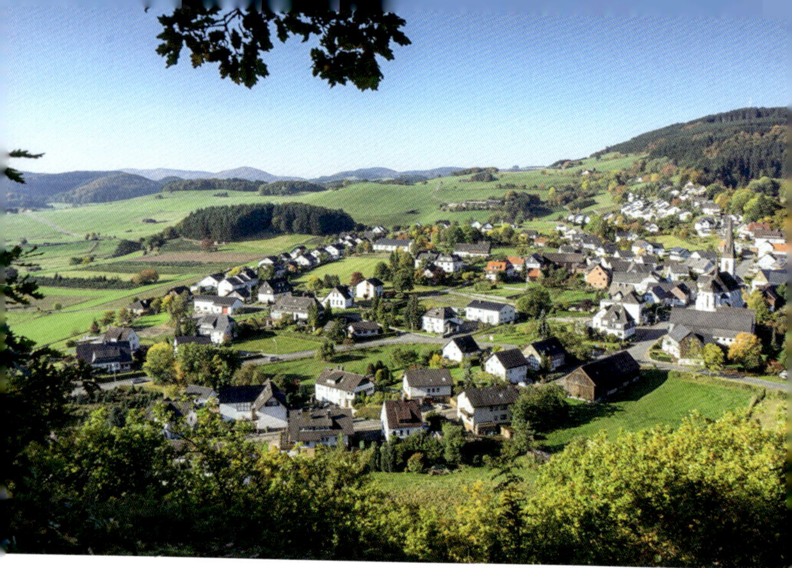

Blick vom Kreuzberg auf Düdinghausen

denn der Pfad windet sich in engen Schleifen kräftig bis zum 535 m hohen Kreuzberg-Gipfel ❶ hinauf. Belohnt wird die kleine Strapaze nicht nur mit schönen Aussichten über den Ort, sondern auch mit Rastbänken (km 1) und einer Schautafel mit den Gipfeln, die Sie von hier oben sehen.

Vermutlich schauen Sie noch in die ✞ Kapelle hinein, bevor Sie sich auf einem Pfad an den Abstieg machen, der Sie mit weiteren Aussichten ins Umland belohnt. Sie halten sich an einem Wanderparkplatz rechts, 200 m darauf nochmals rechts, und kommen noch in einem Waldstück an eine weitere Weggabelung. Hier halten Sie sich erneut rechts. Sie können aber einen kurzen Abstecher zum Steinbruch Vitsenböhl linker Hand einbinden. Wie bei jedem der drei Steinbrüche auf Ihrer Wanderung wird der Abstecher durch eine Informationstafel abgerundet.

Von der Weggabelung wandern Sie auf schmalen Pfaden bis zur schon bekannten Kreuzung unterhalb des Kreuzbergs zurück, halten sich nun aber geradeaus und überqueren bald umsichtig die L854 nahe beim Steinbruch Borghagen. Im baumgesäumten Osterntal gewinnen Sie langsam an Höhe, der breite Weg wird herrlich schmal und Ziegen schauen Ihnen beim Wandern zu, während Sie einen Abzweig rechts in den Hang nicht verpassen dürfen, der Sie zum Steinbruch Gerkes ❷ bringt. Sie halten sich dann links, wechseln auf einen asphaltierten Weg und orientieren sich an der L854 auf dem Grünstreifen rund 100 m weit links, um dann links auf einen bald von Wald umrahmten Weg einzuschwenken. Am ersten Abzweig nach 250 m trennen Sie sich vom Geologischen Rundweg und folgen nun D2 in Richtung Auf dem Hegerweg/In der Aare geradeaus, während der Geologische Rundweg nach links abzweigt. Auf grasbewachsenem Weg steigen Sie bergauf, halten sich an der nächsten Gabelung rechts und wandern geradeaus über eine Kreuzung mit einer Rastbank (km 3,4) an Weiden mit neugierig guckenden Rindern entlang.

Körperkontakt

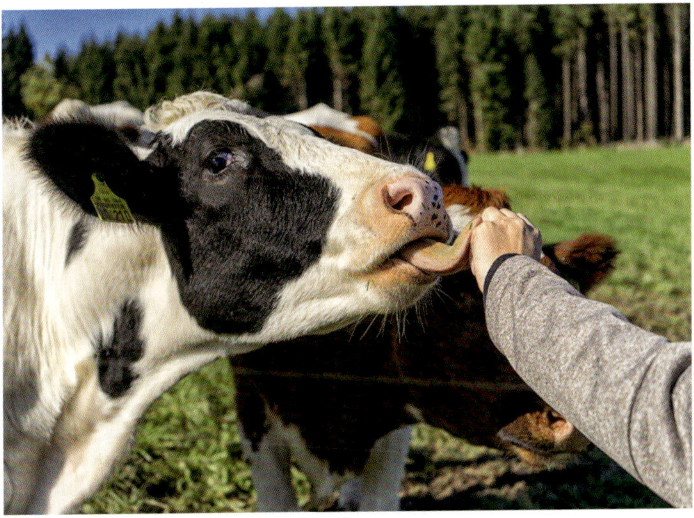

Danach laufen Sie wieder in Laubwald hinein. Nach einer lang gestreckten Linkskurve folgen Sie dem Waldweg noch 1 km bis zu einer Wegkreuzung. Hier treffen Sie auf die Rothaarsteig-Spur Blick-ins-Land Kahle Pön. Sie verlassen D2 und folgen nun der Rothaarsteig-Spur, überqueren das Bächlein Neerdar, legen vielleicht eine Pause auf einer schön platzierten Rastbank ein und orientieren sich an einer Weggabelung inmitten von Wiesen und Weiden und mit Blick auf eine Fichtenschonung nach rund 1 km scharf nach links.

Sie erreichen eine Schutzhütte mit vielen Tischen und Rastbänken drumherum (km 6,6).

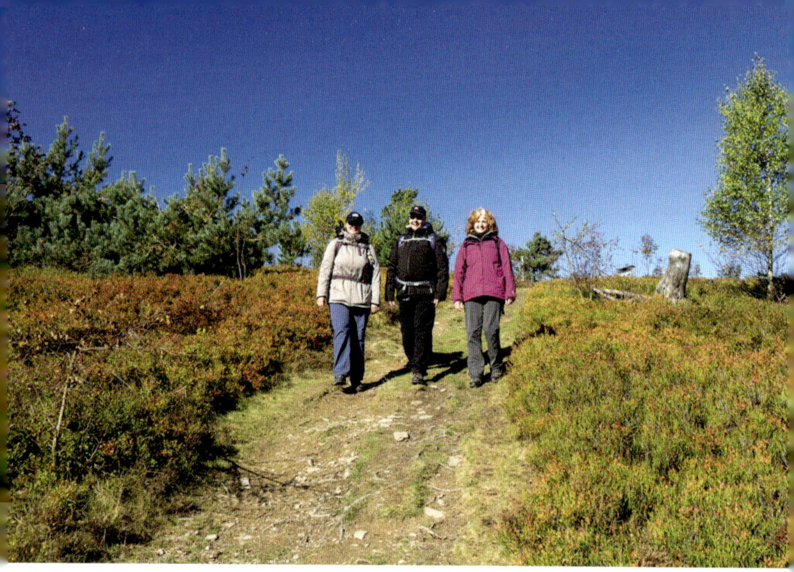

Auf der Kahlen Pön

Der Name „FFH-Gebiet Kahle Pön" steht für das Schutzsystem „Natura 2000" und gehört zu einem europäischen Netz zusammenhängender Schutzgebiete. Auf der flachen Kuppe der 774 m hohen Kahlen Pön wurden vor rund 10 Jahren Fichten und Kiefern entfernt, damit die verbliebenen Heideflächen sich frei entwickeln können. Heidschnucken weiden auf der Freifläche, die mittlerweile wieder von Ginster, Arnika und Kreuzblümchen erobert wurde. Die Pön-Höhe zählt zu den höchstgelegenen Mähwiesen im Sauerland, durch Düngung und Nutzung haben sich ehemals blumenreiche Bergwiesen zu Fettwiesen entwickelt. Nun soll durch das „LIFE-Projekt" (☞ Tour 14) wieder die typische Artenvielfalt der Bergwiesen entstehen.

Sie folgen dem ausgewiesenen Pfad über die Kahle Pön zu einer langen Rastbank auf der Gegenseite, von der aus Sie eine herrliche Panoramaaussicht genießen (km 7) ❸.

Auf einem Pfad steigen Sie hinab, gelangen auf einen quer verlaufenden Grasweg und halten sich links. Nach rund 100 m verlassen Sie den Weg nach rechts, leicht abwärts wandern Sie an der Hangflanke entlang, unterqueren eine Seilbahn und schauen hinüber zum Hochheideturm auf dem Ettelsberg nahe Willingen.

Sie treffen auf einen Feldweg unterhalb des Heidegipfels, dem Sie sich nach rechts anschließen, und erreichen nach 200 m die ⌂ Schutzhütte Echternschlade.

Von hier gehen Sie auf der Rothaarsteig-Spur weiter und sichten nahe einer Weggabelung die bei Wanderern beliebte Graf-Stolberg-Hütte ❹, die nahe bei der Diemelquelle steht.

Graf-Stolberg-Hütte, An der Diemelquelle 1, 34508 Willingen, ☎ 056 32/966 33 26, info@wandern-sauerland.de, www.wandern-sauerland.de , 11:00-17:00

Sie halten sich dort links und verwöhnen sich selbst mit schönen Fernsichten weit über das Sauerland, bis der Wald Sie auch mit mächtigen Buchen wieder umfängt.

„Ömmel" mit Wegezeichen

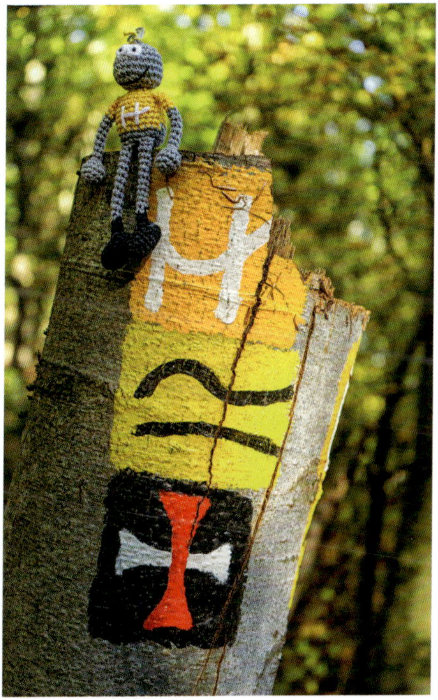

Einen Abzweig links den Hang hinauf, der Sie bald entlang von Weiden zur 745 m hohen Ka-lied ❺ bringt, dürfen Sie nicht übersehen. Die Ka-Lied erhielt ihren ungewöhnlichen Namen aus den zusammengesetzten Begriffen „Ka" für kahl und „Lied" für steiler Hang. Rastbänke (bei der Schutzhütte, km 10,4) säumen diesen Ort, der mit seinen Panoramaaussichten in die Medebacher Bucht und zum Nationalpark Kellerwald-Edersee der Kahlen Pön kaum nachsteht.

Ein Ensemble aus Fernsichten, Waldstücken und Weiden mit Rindern begleitet Sie abwärts zum Parkplatz

Pön. Sie halten sich geradeaus, nach 150 m wenden Sie sich an einer Kreuzung nach rechts. An dieser Stelle trennen Sie sich von der Rothaarsteig-Spur. Gut 100 m danach kommt von links der Geologische Rundweg wieder dazu, mit dem gemeinsam Sie nun die Wandertour bis zum Ende gehen. Er führt Sie bald in Hanglage durch ein Kerbtal, dem sich die lauschige Hohlwegpassage „Meggers Holtweg" anschließt. Sobald Sie den Wald verlassen, öffnet sich der Blick und Düdinghausen breitet sich vor Ihren Augen aus.

Düdinghausen mit seinen heute fast 500 Einwohnern kann seine Geschichte bis ins Jahr 1194 zurückverfolgen, in dem das nahe gelegene Kloster Flechtorf als Grundherr urkundlich genannt wurde. Bis 1548 gehörte der Ort zur Grafschaft Waldeck, nach einigen Wechseln bei den Besitzverhältnissen gelangte Düdinghausen 1663 zu Kurköln – trotzdem oder deswegen war die Freigrafschaft Düdinghausen Streitobjekt zwischen Waldeck und Köln. Letztlich kam Düdinghausen 1816 zum Königreich Preußen. Nach der Eigenständigkeit 1841 wurde der Ort im Zuge der Gebietsreform 1969 ein Stadtteil von Medebach. Im Jahr 1900 wurde der Grundstein für die neue, heute denkmalgeschützte gotische Kirche gesetzt.

Düdinghausen galt einst als Drechslerdorf, im Jahr 1886 gaben 44 von 76 Steuerzahlern als Beruf Drechsler an. An zahlreichen Fachwerkhäusern finden sich wie an der Pastorenscheune Informationstafeln zur Geschichte der jeweiligen Gebäude.

Kurz vor einem asphaltierten Weg halten Sie sich links, gewinnen noch einmal leicht an Höhe, orientieren sich im Hang an der Gabelung nach rechts und passieren die Kneippanlage „In der Klus". Bei der Straße Zum Grunewald wandern Sie an den ersten Häusern vorbei, halten sich dann aber auf einen Pfad vorbei an grasenden Schafen hinunter in die Riepenschlucht.

Der 3,2 km lange Riepenbach gluckert munter unter Ihnen, wenn Sie ihn überqueren. Im Laufe der Jahrtausende hat er sich schluchtartig 6 bis 8 m tief in den Boden eingeschnitten. Sie beenden die kurze, idyllische Passage, indem Sie die Straße An der Egge nach links nehmen und nun die letzten Schritte zur Grimmestraße zur Kirche oder zum nahe gelegenen Gasthaus Zum Riepen flanieren, wo Ihre Rundwanderung endet.

Waldeck-Frankenberg

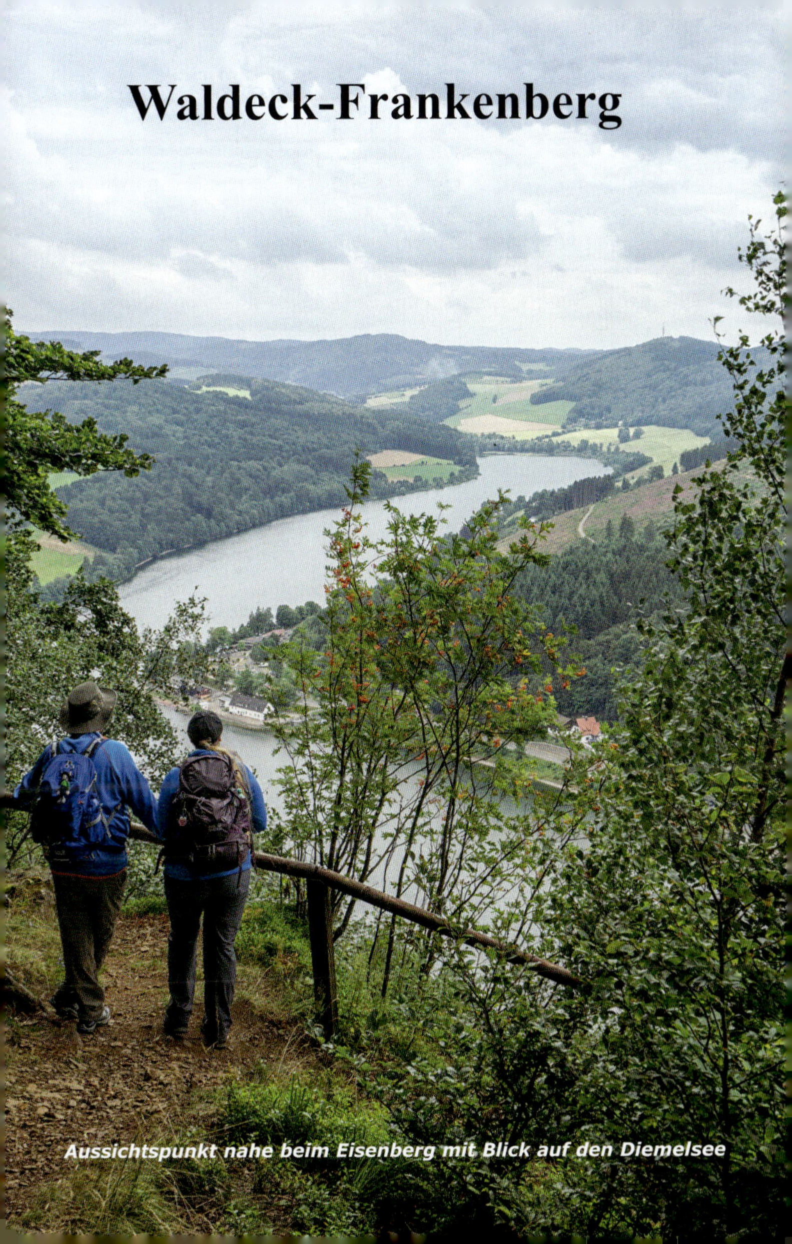

Aussichtspunkt nahe beim Eisenberg mit Blick auf den Diemelsee

24 Rund um den Diemelsee

Tour für wasserfreudige Wanderer

Eine Tour für echte Wasserfans unter den Wanderern, mehr Wasser geht nämlich kaum. Sie wandern rund um den Diemelsee und lassen ihn nur selten aus den Augen. Entlang von Badestränden streifen Sie durch Wälder am Naturschutzgebiet Diemelsee, schauen zwischen den Bäumen hinab auf den glitzernden See, queren die Staumauer und bestaunen sie von tief unten, bevor Sie die Höhen von Eisenberg und St. Muffert mit famosen Fernsichten erklimmen. Dann neigt sich der Weg gemütlich entlang der Badestrände seinem Ende zu.

Start/Ziel: Anlegestelle in Heringhausen, GPS N 51°21.780' E 008°43.539'

17,8 km

5 Std. 15 Min.

407 m/407 m

371-595 m

H6, X15 (beide weißes Zeichen auf schwarzem Grund), Zuweg des Diemelsteigs (grünes D auf weißem Grund), Sauerland-Waldroute (grünes W auf weißem Grund), Diemelsteig (weißes D auf grünem Grund)

Waldwege und Feldwege, Straßen in den Ortschaften, Pfade beim Eisenberg und auf dem St. Muffert

sehr viele Einkehrmöglichkeiten rund um den Diemelsee

zahlreiche Rastbänke bis zur L3393, Tor zur Sauerland-Waldroute (km 9,1), Diemelseeblick (km 12,2), Holzbank auf dem Eisenberg (km 13,8), Rastbänke beim Gipfelkreuz St. Muffert (km 15,4), lange Rastbank am Diemelsee (km 17,7)

Bademöglichkeiten bestehen beispielsweise beim Badestrand Helminghausen (km 8,4, tourismus-marsberg.de) oder am Strandbad Heringhausen (km 17,7, www.diemelsee.de, 10:00-22:00).

Nehmen Sie Badesachen für die Kinder mit und sie werden die lange Wanderung in Kauf nehmen. Vielleicht kürzen Sie mit der MS Muffert ab, dann wird aus der Tagestour eine verkürzte Runde mit Badespaß.

Der Aussichtspunkt St. Muffert und der Abstieg hinunter nach Heringhausen sind mit Buggys wegen der verwurzelten Strecke nicht gut machbar.

Hunde finden viele Gelegenheiten, ihren Durst am Diemelsee zu stillen. Nur wenige Passagen sind asphaltiert.

Bus 506 Willingen – Bad Arolsen (Mo-Fr zweimal vormittags, an Schultagen), Bus 560 Willingen – Bad Arolsen (Anfang April bis Ende Okt, zweimal vormittags), Bus

508 Korbach ZOB – Diemelsee (einmal vormittags), Haltestelle jeweils „Heringhausen Strandbad“

P Parkplatz Kirchstraße, Nähe Badestrand und Anlegestelle Heringhausen, GPS N 51°21.780‘ E 008°43.539‘

☺ Die Wandertour kann mit dem Fährschiff abgekürzt werden.

Grüner „Ömmel“ am Diemelsee

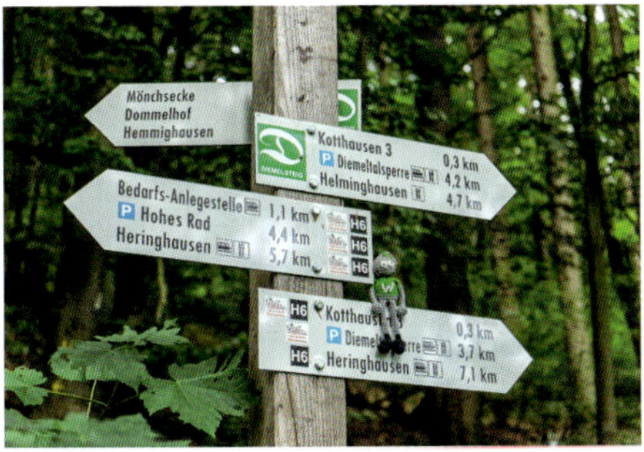

Sie legen die wenigen Meter vom Parkplatz hinunter zum Uferweg zurück und starten Ihre Wanderung beim Badestrand Heringhausen. Dort halten Sie sich links und passieren den Bootsverleih und die Anlegestelle für die Seerundfahrten und Fährfahrten mit der MS Muffert.

Wenn Sie die Rundwanderung abkürzen wollen und die Fähre vom Bootshafen Helminghausen zurück nehmen, landet das Schiff hier an.

♦ Personenschifffahrt Diemelsee, Bootsverleih und Seerundfahrten Stefan Koch, Am See 8, 34431 Marsberg-Helminghausen, ☏ 029 91/64 41, www.seerundfahrten-diemelsee.de, Fahrtzeiten MS Muffert: von Ostern bis Ende Oktober

Sie wandern auf H6 Rundweg Diemelsee und einem Zuweg des Diemelsteigs bald auf dem Bürgersteig einige Schritte entlang der Straße, überqueren die Stormbucher Brücke ❶, wenden sich dann rechts in die Straße Seebrücke, gehen rund 100 m über Asphalt und wechseln rechts beim Spielplatz und dem öffentlichen Strandbad auf einen Wiesenweg. Sie verlassen den weichen Untergrund nach etwa 300 m beim ausgewiesenen Hundestrand, spüren bald Schotter unter Ihren Füßen und wandern nun auf dem von Bäumen gesäumten Uferweg.

Während linker Hand die Baumareale immer wieder durch saftiggrüne Weiden unterhalb des Bergs Kleine Eschenseite unterbrochen werden, passieren Sie nach rund 3 km am Itterarm die Bedarfsanlegestelle der MS Muffert.

Sie bleiben weiterhin auf dem Hauptweg am Naturschutzgebiet Diemelsee, unterdessen verjüngt sich der Stausee zur Itter. Der rund 19 km lange Bach entspringt im Rothaargebirge bei Willingen und mündet hier in den Diemelsee. Die Itter ist übrigens 3 km länger als die Diemel und wäre somit eigentlich namensgebend für den Stausee.

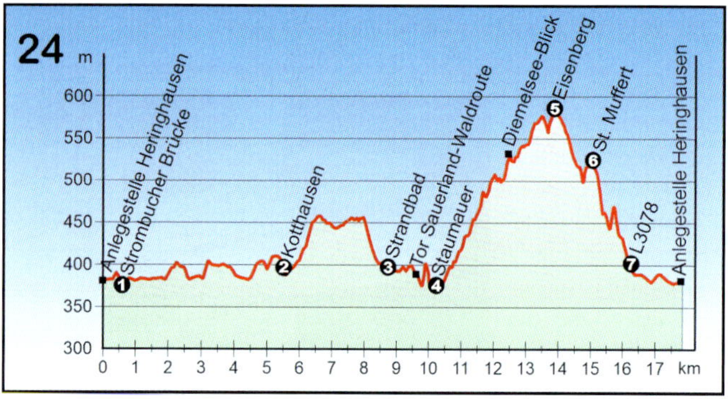

Nachdem sich der Wanderweg sanft auf und ab geschwungen hat, überqueren Sie zuerst die Itter, dann umsichtig die L3393 und setzen auf der anderen Seite den Weg bergauf an Bauernhöfen vorbei fort.

In diesem Gebiet lag der im Jahr 1194 urkundlich erwähnte, aber bereits 1497 als Wüstung bezeichnete Ort Kotthausen ❷.

Gemächlich steigt der befestigte Weg vorbei an Wochenendhäusern an. Die Blicke wandern über die ausufernden Wiesen und den Diemelsee, bis Sie in den Wald eintauchen. Sie halten sich am Waldrand und erhaschen ab und an Aussichten über die glitzernde Wasseroberfläche, bis Sie nach etwa 4 km an einer Wegkreuzung H6 nach rechts verlassen und nun mit X15 und der Sauerland-Waldroute weiterwandern. Sie lassen einige Häuser bei der Straße Am Fresenberg links liegen und stoßen wieder an die L3393, die Sie jedoch nur touchieren, weil Sie sofort wieder aufwärts auf einen grasbewachsenen Weg wechseln.

Wenn Sie an dieser Stelle die L3393 überqueren, gelangen Sie zum Strandbad Helminghausen ❸ mit Kinderspielplatz und Möglichkeiten zum Rasten auf der Wiese.

Der Wiesenweg führt Sie oberhalb der Straße an Sträuchern und Bäumen entlang, bis er nach 800 m ein letztes Mal abwärts schwingt. Sie erreichen das Tor

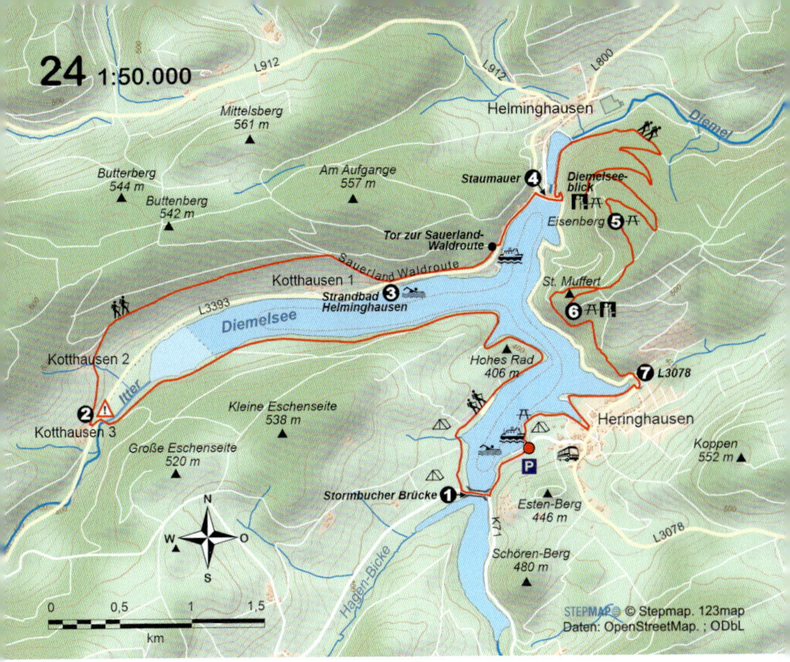

zur Sauerland-Waldroute mit Rastbänken und Tisch und Blick auf die Staumauer (km 9,1).

Überqueren Sie die Landstraße vorsichtig.

Wenn Sie die Wanderung an dieser Stelle beenden wollen, dann gehen Sie am Großparkplatz vorbei und gelangen zum Bootshafen der MS Muffert, mit der Sie nach Heringhausen zurückfahren können.

Bis zur Staumauer fliegen die Meter unter Ihren Füßen rasch dahin. Sie verlassen X15 und genießen von der Staumauer ❹ die Aussicht tief hinunter in den Weiher, der durch tosende Wassermassen aus der Talsperre gespeist wird. Auf der anderen Seite der Staumauer wählen Sie einen schmalen Stieg, der Sie bis zum Grund der Stauanlage führt. Die Blicke wandern zur eindrucksvollen Staumauer hinauf, dann wandern Sie am Weiher entlang bis zu seinem Ende und wählen an der Wegkreuzung den befestigten Weg bergauf, nun auf dem Diemelsteig.

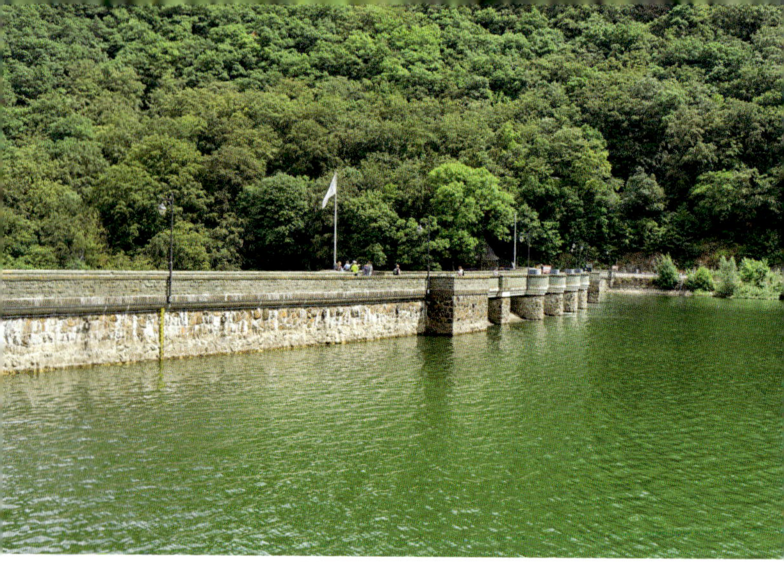

Die Staumauer am Diemelsee

Schroffe Felsen begleiten Sie rechts beim stetigen Anstieg durch den Laubwald. Zweimal nutzen Sie die Möglichkeit zu Abstechern nach rechts, die Sie nach einem kurzen Wegstück zu schönen Aussichtspunkten, beim ersten sogar mit Rastbank und Tisch (km 12,2), jeweils mit Blicken weiter über den Stausee, führen.

Auf der Anhöhe orientieren Sie sich nach rechts auf einen grasgesprenkelten Weg, erhaschen ab und zu Weitblicke über den Diemelsee hinaus und entdecken einen weiteren Aussichtspunkt rund 20 m von Ihrer Wanderroute entfernt.

Bald erreichen Sie den 595 m hohen Eisenberg ❺, auf dem Sie eine rustikale, einladende Holzbank (km 13,8) vorfinden, wandern wieder abwärts und genießen dabei die Fernsichten ins Waldecker Land zu Ihrer Linken.

Der Wanderweg mäandert nun durch den Wald, umrankt von Sträuchern und Brombeerhecken, bis Sie sich an einer Weggabelung links halten. An der folgenden Wegkreuzung gehen Sie rechts in Richtung Diemelsee. Doch halt, ein wichtiger Abstecher steht Ihnen noch bevor. Dazu gehen Sie geradeaus zum St. Muffert, einer 498 m hohen Nebenkuppe des Eisenbergs. Sie gelangen zu einer Schutzhütte mit famosen Aussichten, steigern das aber noch, indem Sie weitere Schritte abwärts bis zum Gipfelkreuz auf dem St. Muffert steigen. Spätestens jetzt heißt es sitzen und die Eindrücke auf einer der beiden Rastbänke ❻ in vollen Zügen genießen (km 15,4).

Zurück an der Wegkreuzung wandern Sie bergab in Richtung Diemelsee. Der schmale Hauptweg führt Sie mal dicht an rauen Felsvorsprüngen entlang und über Holzstege, dann weiter werdend durch Buchen- und Eichenwald stetig hinunter, bis Sie zur L3078 ❼ gelangen. Sie überqueren diese und treten auf der anderen Seite gleich rechts auf den Uferrandweg.

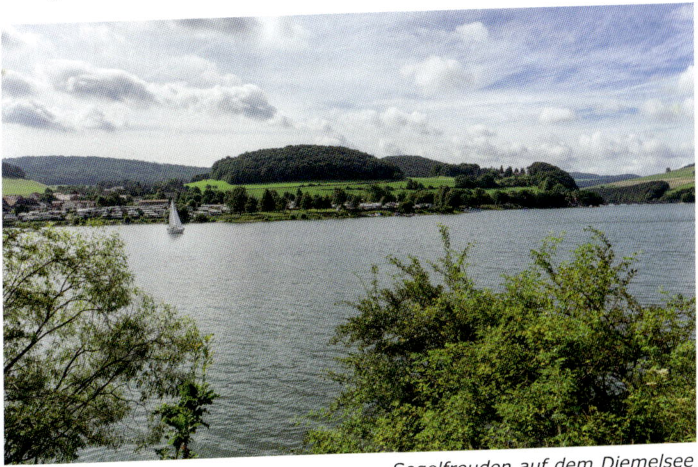

Segelfreuden auf dem Diemelsee

Auch an Kopfweiden vorbei, aber immer mit einem begeisterten Blick auf den Diemelsee halten Sie sich nahe am Wasser und erreichen eine Weggabelung, an der Sie sich vom Diemelsteig trennen (hier geht es in den Ort und zur Tourist-Information) und geradeaus weitergehen.

Eine große Wiese mit einem Spielplatz lockt kurz vor dem Ende zu einer ausgiebigen Pause, auf einer viele Meter langen Rastbank (km 17,6) können Sie die Beine ausstrecken.

Und wenn Sie einkehren wollen, lädt das Strandbad gleich am Parkplatz beim Badestrand dazu ein. So oder so, Ihre Wandertour findet hier ihren gelungenen Abschluss.

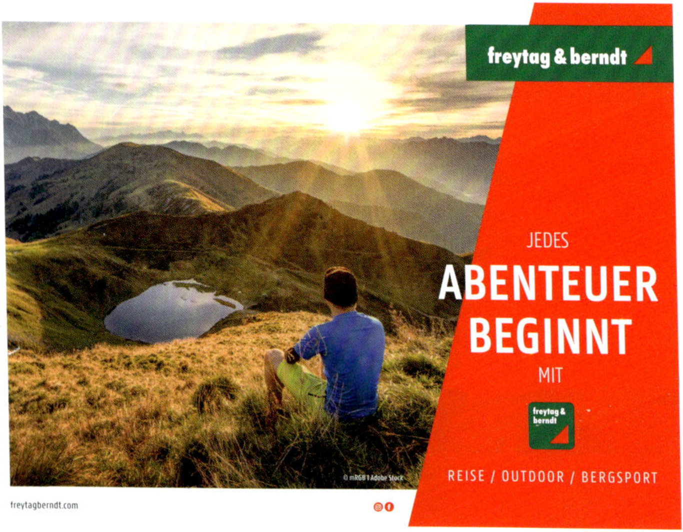
freytag & berndt
JEDES
ABENTEUER
BEGINNT
MIT
freytag & berndt
REISE / OUTDOOR / BERGSPORT
© mRGB / Adobe Stock
freytagberndt.com